데이터 2019 이모션

데이터 이모션 2019

지은이 민경숙

1판 1쇄 발행 2019년 3월 6일

저작권자 민경숙

발행처 하움출판사
발행인 문현광
교 정 성슬기
디자인 임민희
주 소 광주광역시 남구 주월동 1257-4 3층 하움출판사
I S B N 979-11-88461-99-8

홈페이지 www.haum.kr
이메일 haum1000@naver.com

좋은 책을 만들겠습니다.
하움출판사는 독자 여러분의 의견에 항상 귀 기울이고 있습니다.

· 값은 표지에 있습니다.
· 파본은 구입처에서 교환해 드립니다.
· 이 책은 저작권법에 따라 보호받는 저작물이므로 무단전제와 무단복제를 금지하며, 이 책 내용
  의 전부 또는 일부를 이용하려면 반드시 저작권자와 하움출판사의 서면동의를 받아야합니다.

이 도서의 국립중앙도서관 출판예정도서목록(CIP)은 서지정보유통지원시스템 홈페이지
(http://seoji.nl.go.kr)와 국가자료종합목록시스템(http://www.nl.go.kr/kolisnet)에서
이용하실 수 있습니다. (CIP제어번호 : CIP2019003771)

데이터 2019 이모션

이 책을 발간하면서

데이터는 단순히 숫자가 아니라 감정이 있고, 느낌도 있으며 이야기도 한다. 적어도 나에게는 그렇다. 전날 TV를 시청하면서 시청자들이 기록한 시청기록 데이터를 보고 있노라면 우리 국민들이 TV 앞에서 무슨 생각을 하고 있는지 관심 사항이 어떻게 바뀌어 가고 있는지 알 수 있다.

20년간 미디어 데이터를 수집, 분석, 발표하면서 내가 매일 데이터를 통해 보고 느끼는 생각들을 좀 더 많은 사람들과 공유하고 싶었다.

이 책은 매일 아침 TNMS가 데이터를 발표하면서 2018년 한 해 동안 발송한 보도자료를 기반으로 또 다른 내용들을 추가 보완하여 작성했다.

2018년에 시청자들은 그 많은 콘텐츠에 어떻게 반응해왔으며, TV를 통해 그 많은 사건 사고들을 지켜보며 어떤 생각을 했을까? 그리고 그러한 현상들은 2019년도에 어떻게 또 이어질 것인가?

미디어 데이터는 TV 앞에서 우리 국민들의 감성과 트렌드를 이야기하고 있다.

TNMS 민경숙 대표

차례

남북정상회담 감성트렌드

2018년 한 해 동안 가장 핫한 정치 이슈는 단연코 남북정상회담이다.

남북 정상회담이 진행되는 동안 주요채널들이 앞 다투어 관련된 뉴스를 전하고 국민들은 뜨거운 관심으로 이를 지켜보았다. 하지만 지역에 따라서 남북정상회담에 대한 반응은 달랐고 또 연령별 반응 또한 달랐다.

2018년 4월 27일 판문점 남북정상회담 중계방송 시청 데이터를 보면 전라남도에서 관심이 높았고 대구는 낮았다. 전라남도에서는 판문점 남북 정상회담이 열리는 날 전날 대비 무려 4시간 5분 TV 시청시간량이 증가했다. 반면 대구는 오히려 이날 전날 대비 TV 시청시간량이 1분 줄었다. 남북정상회담이 열리고 주요 채널들이 실시간으로 이를 생중계 방송하는 동안 대구에서는 유독 이에 대해 관심이 적었고 TV를 적게 시청했다.

남북정상회담은 아니지만 세월호 추모 방송 때도 비슷한 지역 현상이 보여졌다. 세월호 추모 방송에 대한 대구와 전라남도 지역의 반응은 상반되었다. 세월호 4주기를 맞아 2018년 4월 16일 KBS1이 정규 방송 '가요무대' 대신 '기억 그리고 다시 봄' 추모 음악회를 방송하자 전라남도 시청률은 10.8%를 기록하며 전국에서 시청률이 가장 높았다. 대구 시청률은 5.0%를 기록했다. 대구 시청률은 전라남도 시청률의 절반도 되지 않았다.

남북정상회담 시청 데이터에 나타난 또 다른 주요특징은 지역별뿐만 아니라 연령대별로도 남북정상회담에 대한 관심도가 크게 다르다는 것이다. 남북정상회담 방송 중 시청률이 가장 높았던 환송 행사 중계방송(2018년 4월 27일 저녁 21시 12분부터 방송)에서 60대 이상 시청률이 34.0%로 가장 높았다. 그다음 50대 27.3%, 40대 17.9% 순이었다. 20대와 30대의 경우 각각 6.0%, 12.9%를 기록하면서 두 세대가 합해도 60대 이상 시청률 34.0%의 절반도 되지 않았다. 또 2018년 9월 19일 문재인 대통령이 남북 정상 회담을 위해 평양을 방문하고 평양 능라도 5·1 경기장에서 15만 평양시민 앞에서 연설을 했을 때에도 연령대가 낮을수록 관심이 적었다. 문재인 대통령 평양 능라도 5·1 경기장 연설 방송은 60대 이상이 가장 많이 시청해 시청률 15.2%를 기록했고 그다음 50대 13.8%, 40대 7.2%, 30대 4.6%, 20대 3.1%, 10대 1.5% 순으로 시청률이 낮았다.

이처럼 2018년에 있은 남북정상회담 중계방송에서 지역별 그리고 연령대별 시청 차이가 크게 달랐다. 그렇다면 2019년도에 있을 남북정상회담 이슈에 대해 시청자들은 과연 어떤 반응을 보일 것으로 예상할 수 있을까?

관심과 경계가 예민하게 공존할 것이라고 보여진다.

남북정상회담 관련 방송에서 시청자들 사이에 지역색깔 이외에 세대 간 차이도 있어 갈등 구조가 복잡하다.

지난 2018년 9월 6일 JTBC '썰전'에서 부동산 집값 문제와 동시에 문재인 정부가 국방백서에 '북한군은 주적'이라는 단어의 삭제를 검토하고 있다는 내용을 다루었다. 이날 시청자들은 '북한군이 주적'인가 여부보다는 부동산 문제에 더 많은 관심을 보였다. 이날 최고 '썰전' 최고 1분 시청률은 '북한군은 주적'이라는 문제를 다룰 때가 아니라 부동산 문제를 다룰 때였다. 부동산 전문 이진우 기자와 함께 이철희 의원과 박형준 교수가 '집값 과연 잡힐까? 향후 부동산 시장 전망'에 대해 썰전을 벌일 때 이날 '썰전' 최고 1분 시청률(유료 가입), 4.2%를 기록했다.

시청자들이 현재 남북문제에 대해 어떻게 느끼고 있는지를 이해할 수 있는 좋은 예이다. 분단국가의 국민으로서 휴전선을 마주한 북한문제는 피상적인 것이 아니라 중요한 현실 문제이다. 하지만 시청자들은 오늘 내가 일상생활에서 실질적으로 부딪히는 사안들이 안보 문제보다 더 급한 나의 현실 문제라는 인식이 크다. 물론 이것이 국민으로서 가져야 할 올바른 현실 인식 문제인가 여부는 따져보아야 하겠지만 이것이 현재 흐르는 민심의 일부라는 것은 인식할 필요가 있다.

남북정상회담에 대한 지역별 반응 달라
전남 시청시간 가장 많이 상승,
대구와 울산 소폭 하락

2018년 4월 27일은 문재인 대통령과 북한 김정은 위원장이 판문점에서 남북정상회담이 열린 역사적인 날이었다. 주요 채널들은 하루 종일 남북정상회담 관련 현장 연결 보도를 했고 이 역사적인 순간들을 놓치지 않고 싶은 시청자들은 평소보다 TV를 더 오래 켜 놓았다.

TNMS 미디어 데이터에 따르면 이날 전국 가구 평균 TV 시청시간은 8시간 43분으로 전날 7시간 44분보다 59분 더 많이 TV를 시청하였다. 이날 TV를 켜 놓은 시간이 가장 길었던 지역은 전남으로 9시간 56분이었으며, 그다음 군사 분계선 부근에 위치한 강원도로 9시간 38분이었다. 남북정상회담이 없었던 전날에는 울산이 TV를 켜 놓은 시간이 가장 길었고(9시간 21분), 그다음은 부산(9시간 12분)이었던 것과는 대조를 보였다.

이날 남북정상회담으로 인해 대체로 전국 평균 TV 시청시간이 전날 대비하여 길어졌지만 모든 지역이 남북정상회담에 대해 동일하게 높은 관심을 가지고 TV를 더 많이 시청한 것은 아니었다. 대구와 울산은 오히려 전날보다 TV를 더 적게 시청했다. 대구는 이날 TV를 켜 놓은 시간이 가구당 평균 8시간 58분으로 전날 8시 59분보다 오히려 1분 줄었다. 울산 역시 전날 9시 21분보다 1분 적은 9시간 20분 시청했다. 비록 대구와 울산 지역의 전날 대비 시청시간량 하락 폭이 소폭이었다 할지라도 이것이 의미하는 바는 크다고 하겠다. 왜냐하면 전남과 전북에서는 대구와 반대로 시청시간이 크게 상승했기 때문이다. 전남지역은 전날 대비 무려 4시간 5분 상승하였으며, 그다음 전북 지역은 전날 대비 1시간 52분 상승해 대구와 울산과 달리 남북정상회담을 큰 관심으로 시청했음을 알 수 있다.

KBS1 남북정상회담 생중계방송
KBS1 상승폭 가장 높고 JTBC가 뒤를 이어

2018년 4월 27일 역사적인 판문점 남북정상회담이 있었다. 이를 주요 채널들에서는 모두 실시간으로 생중계 방송했는데 시청자들은 어느 채널을 통해서 가장 많이 시청했을까? TNMS 미디어 데이터에 따르면, 시청자들은 판문점 남북정상회담 생중계를 KBS1을 통해서 가장 많이 시청한 것으로 나타났다. 그다음은 MBC와 SBS 그리고 JTBC를 통해 동일하게 많이 시청한 것으로 집계되었다. KBS1의 전국 시청률은 6.2% 기록했고, MBC와 SBS 그리고 JTBC가 동일하게 시청률 3.1%를 각각 기록했다.

이날 남북정상회담 생중계 방송으로 인해 전날 대비 시청률 상승이 가장 높은 채널은 KBS1이었는데 전날 4.2%에서 2.0% 포인트 상승했다. KBS1 다음으로 전날 대비 시청률 상승 폭이 높은 채널은 JTBC로 전날 시청률 1.7%에서 1.4% 포인트 상승했다. JTBC 약진이 눈에 띄는 대목이다.

환송 행사,
남북정상회담 중계 중 가장 높은 시청률
2030세대 관심 적어

TNMS 미디어 데이터에 따르면 2018년 4월 27일 저녁 21시 12분부터 21시 29분까지 약 17분 동안 진행된 김정은 위원장 일행 환송 행사가 이날 남북정상회담 주요 일정 가운데 가장 높은 시청률을 차지한 것으로 나타났다. 시청자들이 직장과 학교에서 돌아와 TV를 시청하면서 시청률이 상승한 것으로 풀이된다.

이날 환송행사는 KBS1을 비롯해 10개 채널에서 생중계 방송되었는데 이들 채널들의 전국 가구 시청률 합은 39.7%를 기록했다. 환송 행사 이전에 진행된 문재인 대통령과 김정은 북한 국무위원장 첫 악수 순간(9시 29분) 시청률은 32.5%였고 기념식수 포함 두 정상 벤치 단독회담(16시 22분~17시 20분) 시청률은 21.6%, 공동 선언문 발표 당시(18:02~18:13) 시청률은 29.4%, 리설주와 김정숙 여사 첫 만남 순간(18시 18분) 시청률은 18.9%로 환송 행사 중계 시청률보다 모두 낮았다.

환송행사 생중계 시청률을 채널별로 살펴보면 KBS1이 12.8%로 가장 높았고, 그다음 JTBC 시청률이 9.0%를 기록하면서 2위를 차지했다. MBC는 6.5%, SBS는 6.4%를 기록하면서 그 뒤를 이었다.

연령대별로는 60대 이상이 34%로 가장 높았고, 그다음 50대 27.3%, 40대 17.9%였다. 20대 시청률은 6.0%, 30대는 12.9%로 60대 이상 시청률의 절반도 되지 않았다.

노무현 전 대통령 방북 때보다
2018 판문점 남북정상회담 시청률 높아

2018년 4월 27일 남북 정상회담을 위해 북한 김정은 위원장이 판문점 군사분계선을 넘어와 문재인 대통령과 역사적인 남북정상회담을 했다.

TNMS 미디어 데이터(전국 3,200가구, 9천 명)에 따르면 2018년 4월 27일 판문점 군사분계선을 넘은 북한 김정은 위원장과 문재인 대통령이 판문점 군사 분계선에서 첫 악수를 하는 순간(9시 29분) 전국 시청률은 32.5%, 수도권 시청률은 32.4%를 기록했다. 지난 2007년 10월 2일 고 노무현 전 대통령이 우리나라 국가 원수로는 최초로 판문점 군사분계선을 넘어갈 때 당시(9시 5분) 순간 시청률 전국 28.3%, 수도권 28.5%보다 높았다. 지금까지 대한민국 대통령이 방북해 진행된 남북정상회담과 달리 북한 최고 권력자가 남한으로 이동해 이루어진 남북정상회담이기 때문인지 이날 문재인 대통령과 김정은 위원장의 남북 정상 회담에 대한 국민들의 관심은 이전 남북정상회담 때보다 높았다.

문대통령 평양 15만 관중 연설
연령대 낮을수록 관심 적어

문재인 대통령이 2018년 9월 19일 평양 능라도 5·1 경기장에서 '빛나는 조국' 대집단 체조 관람을 마치고 15만 평양시민 앞에서 연설을 했다. KBS1을 비롯해 MBC, JTBC, TV조선, YTN, 연합뉴스, KTV를 통해 문재인 대통령 연설 모습이 생중계 방송되었다.

TNMS 미디어 데이터(전국 3,200가구, 9천 명 표본)에 따르면 2018년 9월 19일 밤 10시 26분부터 10시 33분까지 7분간 진행된 문재인 대통령 평양 능라도 5·1 경기장 연설 중계방송 전국 가구 시청률 합은 16.7%를 기록했다.

이날 문재인 대통령 연설은 60대 이상이 가장 많이 시청해 시청률 15.2%를 기록했고 그다음 50대 13.8%, 40대 7.2%, 30대 4.6%, 20대 3.1%, 10대 1.5%순으로 연령이 낮아지면서 관심이 크게 낮아졌다. 60대 이상 고연령 시청자 시청률과 10대 시청률의 차이는 무려 13.7% 포인트, 20대 시청률과의 차이는 12.1% 포인트, 30대 시청률과의 차이는 10.6% 포인트로 크게 벌어졌다.

썰전, 부동산 문제와 북한 주적 표기 삭제 다루자
시청자들은 부동산 문제에 더 큰 관심 보여

 JTBC '썰전' 2018년 9월 6일 방송에서는 부동산 집값 문제와 문재인 정부가 국방백서에 '북한군은 주적'이라는 단어 삭제를 검토하는 내용을 중심으로 썰전을 벌였다.

 TNMS 미디어 데이터에 따르면 이날 '썰전'을 시청한 시청자들은 북한 주적 문제 논란보다는 집값 문제에 더 많은 관심을 보인 것으로 나타났다. 이날 최고 1분 시청률은 부동산 전문 이진우 기자와 함께 이철희 의원과 박형준 교수가 '집값 과연 잡힐까? 향후 부동산 시장 전망'에 대해 썰전을 나누는 장면이 차지했다. 시청률(유료가입)은 4.2%까지 상승했다.

 이날 '썰전'은 부동산 집값 상승으로 인해 내 집 마련 부담을 가장 크게 받는다고 보여 지는 남자 40대가 많이 시청해 남자 40대 시청률이 3.7%를 기록했다. 지난 주 썰전 40대 남자 시청률은 2.7%였는데 이날은 전주보다 1.0% 포인트 상승했다.

가요무대 대신 세월호 4주기 추모 음악회
대구서 채널 가장 많이 돌리고
전라남도에서 가장 많이 시청

세월호 4주기를 맞아 KBS1에서는 2018년 4월 16일 정규 방송 '가요무대' 대신 '기억 그리고 다시 봄' 추모 음악회를 방송했다. 이에 대한 시청자 반응은 지역별로, 연령대별로 달라 흥미롭다.

TNMS 미디어 데이터(전국 3,200가구, 9천 명 조사)에 따르면 이날 추모 음악회 전국 가구 평균 시청률은 5.3%로 한 주 전 정규 방송 '가요무대' 당시 시청률 9.7%보다 4.4% 포인트 하락했다. 대체로 시청자들의 큰 관심을 끌지 못했다.

그럼에도 불구하고 전라남도 시청률은 10.8%를 기록했다. 전라남도 시청률 10.8%는 이날 세월호 추모 음악회 전국 평균 시청률 5.3%보다 무려 5.5% 포인트 높은 수치이고 대구 시청률 5.0%보다 2배 더 높은 시청률이다. 대구는 전국 평균 5.3%보다 0.3% 포인트 낮았다.

한 주 전 동시간대에 '가요무대'가 정규 방송했을 당시 대구 시청률은 16.1%였으나 이날 세월호 4주기 추모 음악회가 방송되면서 대구 시청률은 11.1% 포인트 크게 하락했다. 전국 평균 하락 폭 4.4% 포인트보다 대구의 시청률 하락 폭이 배 이상 더 크다. 시청률 하락 폭이 전국에서 가장 큰 지역이었다.

연령대별로도 세월호 추모음악회에 대한 시청 반응은 달랐다. 이
날 '가요무대' 정규 방송 대신 세월호 추모음악회가 방송되자 한 주
전 정규 방송 '가요무대' 때보다 60대 이상 시청자들의 시청률이
7.3% 포인트 크게 하락했다. 이에 반해 30대와 40대 시청률은 오히
려 각각 0.1% 포인트 상승했다. 젊은 층과 나이 많은 노년층의 세월
호 추모음악회에 대한 서로 다른 반응을 볼 수 있다.

스포츠 미디어 감성데이터

스포츠 중계방송에서 경기 해설자의 중요성

2018년 시청데이터를 살펴보면 시청자들은 스포츠 중계방송에서 경기 해설자의 전문성을 중시하고 있다는 것을 쉽게 알 수 있다. 주요 스포츠 경기 중계방송은 특정 채널이 독점 방송하는 경우보다는 여러 채널에서 동시 중계방송 하는 경우가 많은데 어느 채널에서 누가 경기 해설을 하는가에 따라 시청률 차이가 있다. 2018년 월드컵에서 가장 큰 이변 중 하나는 우리 대한민국 대표팀이 독일팀을 꺾고 승리하는 쾌거였다. 당시 지상파 3사가 독일팀과 경기를 동시 중계 방송하였는데 가장 높은 시청률은 이영표와 이광용이 중계 방송한 KBS2가 차지했다(전국 시청률 19.3%). 그다음 안정환, 김정근과 서형욱이 중계 방송한 MBC 시청률이 18.3%로 2위를 차지했다. 박지성과 배성재가 중계 방송한 SBS는 11.5%로 3위에 머물렀다. 같은 날 동일 경기였지만 누가 해설하는가에 따라 시청률이 크게 차이가 있었다는 것을 보여 준다. 박지성은 자타가 공인하는 훌륭한 축구선수였지만 2018년 처음 축구 중계를 맡아 축구 경기 중계 해설자로서는 다소 미흡했다는 평을 받았다.

평창올림픽 중계방송에서도 월드컵과 마찬가지로 해설자에 따라 시청률이 영향을 받았다. 2018년 평창올핌픽에서 개막식과 폐막식에서는 KBS1 시청률이 가장 높았지만 개막식과 폐막식을 제외한 순수 경기 시청률은 SBS가 승리했다. 평창올림픽 개막식에서 MBC는 올림픽 개막식 해설자로 개그우먼 김미화를 투입했다가 논란에 휩싸이기도 했다. 개막식 중계방송 전국 가구 시청률은 KBS1 21.3%, SBS 12.7%, MBC 6.9% 순이었고 폐막식 시청률은 KBS1 16.0%, SBS 14.6%, MBC 8.3% 순이었다.

일본

2018년도 스포츠 경기 시청 데이터를 보면 시청자들이 가지는 일본에 대한 관심은 어느 국가보다도 높았다. 일본과의 과거 역사적 문제로 인해 시청자들은 국제대회에서 대한민국 대표팀과 일본과의 경기에 큰 관심을 가졌다. 2018년 평창 올림픽에서 금메달 주인공 여부를 결정짓는 <여자 컬링 결승전> 대한민국 대표팀과 스웨덴 대표팀과 경기 시청률이 이틀 전 대한민국 대표팀과 일본 팀과의 <준결승> 시청률 45.0%보다 낮은 36.1%를 기록했다. 우리나라 시청자들은 우리대표팀과 스웨덴과의 결승전 경기보다 준결승 경기임에도 불구하고 상대가 일본인 우리대표팀과 일본 경기에 더 큰 관심을 보인 것이다.

이러한 일본에 대한 높은 관심은 우리나라 대표팀과 경기가 아닌 외국 대표팀간의 경기에서도 나타난다. 외국 대표팀간의 경기 중 우리나라 시청자들이 가장 큰 관심으로 지켜 본 경기는 단연 일본 경기였다. 2018년 6월 19일에 있은 월드컵 경기 <일본 대 콜롬비아 H조 예선> 경기 시청률은 20.2%를 기록했다. 흥미로운 것은 <일본 대 콜롬비아> 경기 시청률이 월드컵 최종 결승전이었던 <프랑스 대 크로아티아> 경기 시청률 20.9%와 불과 소수점 이하 차이를 보였다는 것이다. 월드컵 최종 승자가 누가 될 것인지에 대한 관심만큼 일본의 예선 경기 통과 여부에 관심이 높았다.

따라서 2019년에도 시청자들은 우리 대표팀과의 일본과의 직접 경기가 아니라 할지라도 국제 대회에서 주요 일본 경기에 큰 관심을 가지고 시청할 것으로 보인다.

박항서 신드롬

2018년 스포츠 시청데이터에서 가장 눈에 띄는 새로운 현상 중 하나는 박항서 신드롬이다. 국제 축구대회에서 박항서 감독이 이끌고 있는 베트남 축구 대표팀이 선전을 하면서 우리 시청자들 사이에서 베트남 축구 대표팀에 대한 관심이 높아졌다. 이는 박항서 감독이 베트남 축구 대표팀을 이끄는 2019년도에도 계속될 것으로 보여진다.

　지난 2018년 8월 29일 <대한민국 대 베트남 2018아시안게임 준결승전 > 경기를 지상파 3사가 생중계 방송했을 때 이들 채널들의 시청률 합은 41.4%로 이틀 전 8월 27일 우즈베키스탄과 우리 대표팀과의 16강 당시 시청률 34.0%보다 무려 7.4% 포인트 더 높았다. 또 2018년 12월 11일 SBS 스포츠 채널에서 베트남과 말레이시아의 아세안축구연맹(AFF) 스즈키컵 축구 경기를 중계 방송하자 우리에게는 다소 생소한 AFF 스즈키컵 대회임에도 불구하고 시청률은 전국 시청률(유료가입) 3.2%를 기록하면서 이 시간대에 방송한 tvN 주요 프로그램 '계룡선녀전' 시청률(2.7%)과 '뇌섹시대 문제적 남자' 시청률(2.0%)을 눌렀다. 우리나라 대표팀과의 경기가 아님에도 불구하고 베트남 경기가 의외로 이러한 좋은 시청자 반응을 얻자 2018년 12월 15일 지상파 SBS에서는 발 빠르게 베트남과 말레이시아의 아세안축구연맹(AFF) 스즈키컵 축구 경기 2차전 중계를 편성했다. 주말드라마 등 정규 방송을 중단하고 이를 방송 했는데도 불구하고 이러한 과감한 시도는 성공했다. 이날 베트남과 말레이시아 경기 시청률은 13.4%를 기록하면서 당일 방송한 지상파, 종편 그리고 PP 포함 모든 프로그램 중 3번째로 높은 시청률을 기록했다. 우리나라 대표팀의 경기도 아니고 한일전도 아니면서 또 우리에게 잘 알려지지 않은 스즈키컵 경기 중계에서 이렇게 높은 시청률을 기록할 수 있었던 것은 말 그대로 박항서 신드롬 때문이었다.

팀 연고지 시청률과 KBO 야구 경기

2018년 우리나라 스포츠 미디어 데이터에서 발견할 수 있는 또 하나의 주요 트렌드는 KBO 프로 야구 경기에서 나타나는 팀 연고지와 관계된 지역별 시청률이다. KBO 프로야구는 지역 연고지를 바탕으로 치러지는 경기이다. 이런 KBO 프로야구 경기의 특색이 시청자들의 시청 패턴에서도 고스란히 나타나고 있다. 2018년 KBO 경기시즌 동안 특정 연고지의 프로야구팀이 경기를 할 때면 해당 지역의 시청률이 다른 지역에 비해서 크게 높아지는 특징을 보였다.

2018년 10월 23일 MBC를 통해 생중계 방송된 <넥센 대 한화> 준플레이오프 4차전 경기는 한화가 최종 4대 3으로 승리했는데 한화 연고지 대전 시청률이 이날 13.0%까지 상승해 전국에서 가장 높은 시청률을 보였다. 또 이날 경기에 패한 넥센 연고지 서울 시청률도 해당 야구 경기 전국 평균 시청률 7.1%보다는 1.6% 포인트 높은 8.7%를 기록했다.

스포츠 스타 예능 출연

주요 스포츠 경기가 끝나면 앞 다투어 예능 프로그램에서 이들 경기 영웅들을 스튜디오로 초대하는데 이 경우에도 시청률이 상승했다. 2018년에도 '라디오스타'를 비롯해 '집사부일체'와 '냉장고를 부탁해' 등에서 스포츠 스타들을 출연시켜 시청률 상승에 성공했다. 평창 올림픽 금메달 이승훈 선수가 2018년 3월 11일 SBS '집사부일체'에 출연했을 당시 '집사부일체' 1부 시청률은 한 주 전에 비해 0.4% 포인트, 2부는 한 주 전보다 3.1% 포인트나 큰 폭으로 상승해 10.5%를 기록했다. 이날 '집사부일체' 시청률 상승 여파로 동시간대 경쟁 예능 프로그램 KBS2 '1박 2일'은 한 주 전 시청률보다 2.9% 포인트 하락하며 시청률 14.0%를 기록했다.

MBC '라디오스타'에서도 2018년 7월 11일 태극전사 골키퍼 조현우, 독일전 첫 골 주인공 김영권, 독일전에서 급소를 맞았던 이용, 국가대표 막내 이승우가 출연하면서 시청률 상승에 성공했다. 이날 '라디오스타' 시청률은 전국 8.2%를 기록했는데 '라디오스타' 2018년도 최고 기록이 되기도 했다.

2018
WINTER SPORTS
SPORTS 2018
GHEVERY DAY, WE ADD NEW CO
AEPRODUCED BY BY PHOTPRICE
WINTER SPORTS
SHORT TRACK
SPORTS DEBUT : 1988
GHEVERY DAY, WE ADD NEW CONTENT
AEPRODUCED BY BY PHOTOGRAPHERS
AND ILLUSTRATORS IN H5OUSE. NPINE'S
SUBSCRIPTION OFFERS THE CHADNCET
GET UNLIMITED AND LATEST AURTIS TIC
DIGITAL CONTENTS WITH REASONABLE
PRICE
SPORTS
18.2.9 - 2.25
FOR 17DAYS IN WINTER
WINTER SPORTS

평창 올림픽 방송 감성 트렌드

    2018년에는 강원도 평창에서 동계 올림픽이 열렸다.

    시청자들은 평창 올림픽 경기를 시청하기 위해 평소보다 TV앞에서 더 많은 시간을 보냈다. 올림픽 기간 동안 많은 사랑을 받았던 선수들은 올림픽이 끝나고 각종 예능 프로그램에서 러브콜이 들어오는 인기를 누렸다.

    평창올림픽 주요 경기 중계는 여러 채널에서 동시 방송되었는데 채널별 시청률은 달랐다. 경기 중계방송 해설자가 누군가가 시청률에 큰 영향을 주는 것으로 나타났다.

평창 올림픽 국민 관심 높았다.
전년 동기간보다 더 많이 TV 시청

　우리나라 국민들은 이번 평창 올림픽 기간 동안 평소보다 TV를 더 많이 시청하며 평창 올림픽 경기를 응원한 것으로 나타났다.

　TNMS 미디어 데이터에 따르면 이번 평창 올림픽 기간(2018년 2월 9일~ 2월 25일) 동안 가구별 TV를 켜 놓은 시간은 하루 평균 577분(9시간 37분)으로 평창 올림픽이 열리지 않았던 전년도 2017년 같은 기간 514분(8시간 34분)보다 무려 63분이 더 길었다. 각 가구별로 평창 올림픽 경기를 시청하기 위해 전년 동기간 대비 하루 평균 약 1시간 TV를 더 시청한 것이다.

　평창 동계 올림픽 기간 중 시청률이 가장 높았던 경기는 설 연휴 마지막 날 2월 18일 이상화 선수가 은메달을 획득한 '여자 500m 결승전' 경기로 지상파 3사가 동시 중계 방송했는데 이들 채널들의 시청률 합은 61.7%였다.

평창 올림픽 중계방송 채널 승리 KBS1

2018 평창 올림픽 기간 동안 개막식과 폐막식이 지상파 3사를 통해서 동시 중계방송 되었는데 시청률 승리는 KBS1이 차지했다. 2018년 2월 9일 있었던 개막식 중계방송 전국 가구 시청률은 KBS1 21.3%, SBS 12.7%, MBC 6.9% 순으로 높았고 폐막식 시청률은 KBS1 16.0%, SBS 14.6% MBC 8.3% 순으로 높았다.

하지만 개막식과 폐막식을 제외한 실제 경기 중계방송 승자는 SBS가 차지했다. 이번 평창 동계 올림픽 기간 동안 지상파 3사가 동시 중계 방송한 경기(시상식 포함)는 총 141개였는데 이중 SBS가 60개 경기 중계방송에서 시청률 1위를 휩쓸며 지상파 3사 중 가장 좋은 성적을 보였다. SBS 다음으로 KBS2가 53개로 뒤를 이었고 그다음 KBS1 23개, MBC가 2개를 차지했다. (KBS2와 SBS가 2개 경기에서 시청률 공동 1위를 차지했고, MBC는 SBS와 1개 경기에서 시청률 공동 1위가 있었다.)

평창 올림픽 개막식 김연아 성화 점화 순간 전국 시청률 52.5%, 강원도 시청률 71%까지 상승

2018년 2월 9일 평창 동계 올림픽 화려한 개막식 생중계 방송에 국민들의 귀와 눈이 집중되었다. TNMS 미디어 데이터에 따르면 이날 지상파 3사를 통해 동시 생중계 방송된 '평창 동계 올림픽 생중계' 방송 전국 시청률 합은 40.9%(KBS 21.3%, SBS 12.7%, MBC 6.9%)로 총 784만 명의 시청자가 동시에 시청한 것으로 집계되었다.

개막식 중 김연아가 성화 점화를 하는 순간 시청률은 지상파 3사 합이 52.5%까지 상승해 개막식 전체 중계방송 중 최고 시청률을 기록했고, 시청자 수는 총 1천 7만 명으로 집계되었다. 특히 김연아 성화 점화 순간 평창이 속한 강원도 시청률은 무려 71.0%까지 치솟았다. 강원도 지역 10가구 중 7가구 이상이 TV로 개막식을 시청한 것인데 개막식 현장에 가지 못한 강원도 도민들이 TV 앞에서 벅찬 감격을 함께한 것으로 보인다.

평창 폐막식 시청률, 개막식보다 낮아

2018년 2월 25일 저녁 8시부터 지상파 3사를 통해 동시 생중계 방송된 평창 올림픽 폐막식 전국 가구 시청률은 38.9%로 지난 2월 9일 평창 올림픽 개막식 당시 시청률 40.9%보다 2.0% 포인트 낮았다. 시청자들이 개막식에 비해 폐막식에 대한 관심이 적었던 것을 알 수 있다.

TNMS 미디어 데이터에 따르면 채널별 폐막식 전국 시청률을 보면 KBS1이 16.0%로 가장 높았고 그다음 SBS 14.6%, MBC 8.3% 순이었다. MBC의 경우 개막식 때처럼 폐막식에서도 지상파 3사 중 여전히 가장 낮은 시청률로 채널 순위 3위였으나 타 채널과 시청률 격차를 개막식 때보다 폐막식에서 현저하게 줄였다. 개막식 때 채널별 시청률 순위는 KBS1 21.3%, SBS 12.7%, MBC 6.9%이었다. 개막식 당시 MBC 진행을 맡은 개그우먼 김미화는 진행 문제로 논란에 휩싸이기도 했다.

다음 개최지 중국, 평창 올림픽 중계방송
개막식보다 폐막식을 더 많이 시청

미디어 데이터 기업 TNMS가 중국 현지 시청률 조사 회사 CSM Media Research에 평창 올림픽 시청률 조사를 의뢰한 결과, 우리나라와 달리 2022년 동계 올림픽 개최지인 중국에서는 평창 올림픽에서 개막식보다 폐막식을 훨씬 더 많이 시청한 것으로 나타났다. 이는 폐막식에 우리나라 평창 군수가 다음 개최지인 중국 베이징 시장에게 올림픽기 이양식을 하는 내용과 중국 측 퍼포먼스가 포함된 것이기 때문으로 풀이된다.

2018년 2월 9일 개막식 때는 중국 시청자 1억 4천 7백만 명이 시청한 반면, 2018년 2월 25일 폐막식에는 1억 6천 7백만 명이 시청하여 약 2천만 명이 폐막식 때에 개막식보다 더 시청한 것으로 집계되었다.

우리나라에서는 반대로 개막식 전국 가구 시청률이 40.9%를 기록하며 폐막식 시청률 38.9%보다 2% 포인트 더 높았다. 중국에서는 중국기업 CSM Media Research가 단독으로 시청률 조사를 하고 있다.

해설자와 시청률

　주요경기가 여러 채널에서 동시 방송 될 때 해설자에 따라 채널별 시청률이 영향을 받는다. 해설자는 경기 내용도 잘 알아야 하지만 경기 내용을 알기 쉽게 시청자들에게 잘 설명할 수 있는 해설 능력도 있어야 한다. 목소리 톤, 발음, 스피치 속도 등의 조합이 잘 이루어져야 한다. 2018년에 뛰어난 스포츠 해설자였다고 해서 2019년에도 그대로 황금빛이 이어진다는 보장은 없다. 중계방송이 없을 때 선수들의 동향 파악 등 누가 더 꼼꼼히 경기 전반에 대해 공부하고 면밀히 준비하고 있느냐에 따라 경기 당일 해설자 승부가 결정될 수 있다.

러시아 월드컵 해설 승리는 이영표

2018년 6월 28일 러시아 월드컵 독일전에서 우리나라 대표팀이 2대 0으로 승리했을 때 지상파 3사 중 가장 높은 시청률은 이영표 이광용이 중계 방송한 KBS2가 차지했다. 시청률 19.3%였다. 2위는 안정환, 김정근, 서형욱이 중계 방송하는 MBC로 시청률이 18.3%였고 박지성, 배성재가 중계 방송한 SBS는 11.5%를 기록했다.

러시아 월드컵 경기에서 3번에 걸친 우리나라 대표팀 경기 중계 방송에서 이영표 KBS2가 2번 시청률 1위를 차지했고(스웨덴전과 독일전) 안정환 MBC가 1위를 1번(멕시코전) 차지했다. 박지성 SBS는 한 번도 1위를 하지 못했다.

평창 올림픽 남자팀 추월 결승전
SBS 명콤비 배성재와 제갈성렬
시청률 20%대 넘기며 인기

2018년 2월 21일 밤 10시 17분부터 지상파 3사를 통해 동시 생중계 방송된 평창동계 올림픽 이승훈, 정재원, 김민석 선수 출전 <남자 팀 추월 결승전> 경기 중계방송 시청률 합은 50.1%로 우리나라 절반 이상 가구가 이 시간 TV 앞을 떠나지 못하고 이 경기를 숨죽이며 지켜보았다. 시청자 수로는 무려 1,387만 명이 함께 시청하며 한마음으로 응원을 보낸 것으로 집계되었다.

이날 우리 선수들은 소치 올림픽에 이어 2년 연속 은메달을 획득하였는데 이날 경기 시청률은 채널별로는 명콤비 아나운서 배성재와 제갈성렬 해설위원이 중계 방송한 SBS 시청률이 22.3%를 기록하면서 홀로 20%대를 넘기는 큰 인기를 누렸다. 그다음 MBC 14.1%, KBS2 13.7% 순이었다.

이날 <남자 팀 추월 결승전> 경기는 전날 20일 있었던 심석희, 최민정, 김예진, 김아랑이 금메달을 획득한 <쇼트트랙 스피드 스케이팅 여자 3000m 계주 결승전> 경기 중계방송 시청률 합 45.9%보다 4.2% 포인트 더 높았다.

스포츠 감성데이터에서 일본

일본과 과거 식민지 역사적 문제로 인해 우리 국민들은 일본과의 스포츠 경기에 특히 관심이 높다. 우리 대표팀과 일본과의 경기가 아니더라도 다른 나라와 일본과의 경기에도 관심이 크다. 또 국제대회에서 일본경기 결과와 우리대표팀 경기 비교 결과 비교에 관심이 크다. 한일전은 스포츠 종목을 막론하고 시청자들의 큰 관심과 함께 시청률 성공을 담보하고 있다.

역시 한일전! 여자 컬링 준결승 한일전 시청률이 스웨덴과 결승전보다 높아

역시 한일전인가!

TNMS 미디어 데이터에 따르면 2018년 2월 25일 일요일 오전 9시부터 지상파 3사를 통해 동시 생중계 방송된 평창 올림픽 <여자 컬링 결승전> 스웨덴과 경기 시청률은 36.1%(SBS 13.5%, KBS2 12.9%, MBC 9.7%)를 기록하면서 결승전임에도 불구하고 이틀 전 일본과의 <여자 컬링 준결승> 시청률보다 낮았다.

이틀 전 2월 23일 금요일 저녁 8시부터 방송된 일본과의 준결승 경기는 전국 가구 시청률 45.0%(SBS 15.3%, MBC 15.3%, KBS2 14.4%)를 기록하면서 이날 결승전 시청률 보다 8.9% 포인트나 크게 높았다.

이처럼 준결승전 일본과의 경기 시청률이 결승전 스웨덴과 경기 시청률보다 높았던 이유는 일본과의 준결승 경기가 연장전까지 가는 박빙이었던 이유도 있었겠지만 스포츠에서 한일전에 대한 우리나라 국민들의 특별한 관심이 반영된 것이라 볼 수 있겠다.

월드컵에서 일본 경기에 대한 높은 관심

2018년 6월 14일부터 33일간 러시아에서 개최된 2018년 월드컵 지상파 3사 중계방송 중 다른 나라 외국 간 경기 중에서 가장 시청률이 높았던 경기는 최종 결승전 프랑스와 크로아티아 경기(TNMS, 전국 시청률 합 20.9%)였다.

그다음 우리나라 시청자들이 큰 관심으로 지켜 본 경기는 일본 경기였다. 일본대 콜롬비아 H조 예선 경기(2018년 6월 19일 21~22시 52분)가 프랑스와 크로아티아 최종 결승전 다음으로 높은 시청률 20.2%(MBC 7.5%, KBS2 6.4%, SBS 6.3%)를 기록해 눈길을 끈다.

월드컵 경기에서 우리 국민들의 일본에 대한 높은 관심을 알 수 있다.

아시안게임 축구 일본과 연장전 시청률
60%대 돌파

2018년 9월 1일 우리나라 남자 축구 대표팀이 결승전에서 일본을 꺾고 2대 1로 승리하면서 2018 아시안게임 금메달 주인공이 되었다. 이날 경기는 연장전까지 치러진 경기였는데 연장 전반 지상파 3사 동시 중계방송 시청률 합은 62.4%, 연장 후반 시청률은 64.7%까지 올라갔다.

시청률 60%는 10가구 중 6가구가 모든 일상생활을 멈추고 TV 앞에 동시에 시선을 고정했다는 뜻이다. 2018년 8월 27일 우리나라 대표팀과 우즈베키스탄과의 연장전 당시 연장 전반 시청률은 44.2%, 연장 후반 시청률은 47.3%이었던 것에 비하면 이날 일본과의 연장전 경기 시청률은 우즈베키스탄 경기 대비 연장 전반 18.2% 포인트, 연장 후반 17.4% 포인트 더 높았다. 이날 일본과의 경기는 결승전 경기이고 우즈베키스탄과의 경기는 8강전이었다는 차이점은 있지만 같은 결승전이라 하더라도 만약 우리 대표팀이 일본이 아닌 다른 국가 대표팀과 경기를 치렀다면 전국 시청률이 이처럼 60%대를 훌쩍 넘기기가 어려웠을지도 모른다.

박항서 신드롬

　2018년 스포츠계의 주요한 이변 하나는 박항서 신드롬이다. 박항서 감독이 베트남 국가 대표팀을 승리로 이끌면서 우리대표팀과 베트남과의 경기가 아닌 베트남과 다른 국가와의 경기 중계방송에서도 시청자들이 큰 관심을 보이면서 시청률이 상승했다. 뿐만 아니라 스포츠가 아닌 예능 방송에서도 베트남 주제를 다루었을 때 시청률이 상승한 것을 볼 수 있다. 전반적인 베트남에 대한 긍정적인 관심과 함께 박항서 신드롬은 당분간 2019년에도 계속될 것으로 보인다.

박항서 베트남 대표팀과 우리 대표팀
경기 시청률 41.4%

한국인 박항서 감독이 이끄는 베트남 팀과 우리 대표팀과의 경기라는 점으로 인해 경기 이전부터 큰 관심을 모았던 <대한민국 대 베트남 2018아시안게임 준결승전> 2018년 8월 29일 경기 시청률이 무려 41.4%까지 상승했다. 이 경기에서 우리나라 대표팀은 베트남을 3대 1로 이겼다.

TNMS 미디어 데이터에 따르면 2018년 8월 29일 저녁 6시 경기 시작부터 7시 53분 경기 종료까지 지상파 3사 시청률 합은 41.4%로 이틀 전 8월 27일 우즈베키스탄과 우리 대표팀과의 16강 당시 시청률 34.0%보다 무려 7.4% 포인트 더 높았다.

박항서 감독에 대한 큰 관심
베트남 대 말레이시아 축구
tvN 주요 프로그램 시청률 눌러

박항서 감독에 대한 큰 관심과 함께 SBS 스포츠 채널에서 2018년 12월 11일 중계 방송한 베트남과 말레이시아의 아세안축구연맹(AFF) 스즈키컵 축구 경기 시청률이 크게 상승 이날 tvN 주요 프로그램 시청률을 눌렀다.

이날 경기는 베트남과 말레이시아가 2대 2 무승부로 경기를 마쳤는데 TNMS 미디어 데이터에 따르면 베트남과 말레이시아 축구 경기 전국 시청률(유료가입)은 3.2%를 기록하면서 이 시간 축구 경기 시간대에 방송한 tvN '계룡선녀전' 시청률 2.7%와 뒤를 이어 방송한 tvN '뇌섹시대 문제적 남자' 시청률 2.0%를 모두 눌렀다.

차이나는 클라스 베트남 다루자
시청률 연속 상승

JTBC '차이나는 클라스'에서 새로운 비즈니스 투자 지역으로 요즘 큰 각광을 받고 있는 베트남에 대해 방송하자 시청자들의 관심과 함께 시청률이 상승했다.

TNMS 미디어 데이터에 따르면 이날 '차이나는 클라스' 시청률(유료가입)은 3.4%로 지난 주 2.9%보다 0.5% 포인트 상승했다. 지난 주 '차이나는 클라스'에서 베트남에 대해 처음 다루었을 때 시청률도 한 주 전 시청률 2.4%보다 0.5% 포인트 상승했다.

이날 '차이나는 클라스'에서는 지난주에 이어 한베평화재단 구수정 이사가 '베트남 전쟁을 아시나요'를 주제로 강의를 했다. 23년 동안 베트남 곳곳을 누비며 베트남 전쟁을 연구해 온 구이사는 베트남에 있는 한국 증오비를 소개했다.

이날 '차이나는 클라스'는 50대가 가장 큰 관심으로 많이 시청했다. 50대 시청률은 2.8%를 기록했다.

야구 감성데이터와 연고지 시청자

유난히 프로 야구는 다른 스포츠와 달리 연고지 지역 시청률이 재미난 상관관계를 보인다. 시청자들은 자신의 지역에 속한 야구팀이 경기를 할 때면 다른 경기 때보다도 더 많이 TV를 시청한다. 야구장에 가지 못한 시청자들이 TV를 통해서 경기를 응원하기 때문이다.

SK와 두산 연고지 속한 수도권
시청률 전국 평균보다 높아

2018년 11월 7일 <2018 한국시리즈> 3차전 두산 베어스와 SK 와이번스 경기에서 SK가 두산을 이기며 2승 1패를 하였다

TNMS 미디어 데이터에 따르면 이날 중계는 KBS2를 통해 18시 21분부터 21시 55분까지 방송되었는데 시청률은 2018년 11월 7일 현재까지 방송된 <2018 한국시리즈> 경기 중 가장 높은 시청률 9.3%를 기록했다. 두산 베어스와 SK 와비번스 경기에 대한 높은 관심과 함께 두 팀의 연고지 서울과 인천이 속한 수도권의 이날 경기 시청률은 10.4%까지 상승하며 두산 베어스와 SK 와비번스 경기 전국 평균 시청률 9.3%보다 1.1% 포인트 높았다.

넥센 대 한화 준플레이오프 3차전
한화 승리하자 한화 연고지 대전 시청률
13.0%까지 상승

<넥센 대 한화> KBO 준플레이오프 3차전 경기가 2018년 10월 22일 SBS를 통해 저녁 6시 20분부터 이날 밤 10시 18분까지 생중계 방송되었다.

전국 3,200가구 9천 명 표본을 대상으로 집계한 TNMS 미디어 데이터에 따르면 이날 <한화 대 넥센> 3차전 전국 가구 시청률은 7.1%로 이틀 전 10월 20일 KBS를 통해 중계 방송된 <넥센 대 한화> 2차전 경기 시청률 5.0%보다 2.1% 포인트 높았다.

이날 경기는 한화가 최종 4대 3으로 승리했는데 한화 연고지 대전 시청률이 13.0%까지 상승해 전국에서 가장 높은 시청률을 보였다. 상대팀 넥센 연고지 서울 시청률은 이날 8.7%를 기록하여 경기에서 승리한 한화 연고지 대전 시청률보다는 낮았지만 이날 <한화 대 넥센> 전국 평균 7.1%보다는 1.6% 포인트 높았다.

승리 기대 한화 연고지
대전 시청률 전국에서 가장 높아

전국 3,200가구 9천 명 표본을 대상으로 집계한 TNMS 미디어 데이터에 따르면 2018년 10월 23일 MBC를 통해 생중계 방송된 <넥센 대 한화> 준플레이오프 4차전 경기 전국 가구 시청률은 8.0%로 전날 10월 22일 SBS를 통해 중계 방송된 <넥센 대 한화> 3차전 경기 전국 시청률 7.1%보다 0.8% 포인트 상승했다.

이날 경기는 최종으로 넥센이 한화를 5대 2로 이겼는데 한화 연고지 대전 시청률은 16.8%를 기록했다. 전국에서 가장 높은 시청률이다. 이날 넥센 연고지 서울 시청률은 8.7%를 기록했는데 대전보다는 시청률이 낮았지만 이날 <넥센 대 한화> 경기 전국 평균 시청률 8.0%보다는 0.7% 포인트 높았다.

스포츠 영웅과 예능

스포츠 경기에서 영웅이 된 스타 선수들은 경기를 마치면 예능 프로그램에서 러브콜이 쏟아진다. 시청자들도 경기 밖에서 이들의 다른 모습을 보는 재미가 쏠쏠하다. 따라서 이들 스포츠 영웅들이 경기가 끝난 후 예능 프로그램에 출연하면 시청자들이 몰리면서 시청률 또한 상승한다.

태극전사 출연하자 라디오스타 시청률
18년 최고 기록

MBC '라디오스타' 2018년 7월 11일 방송에서 태극전사 골키퍼 조현우, 독일전 첫 골 주인공 김영권, 독일전에서 급소를 맞았던 이용, 국가대표 막내 이승우가 출연하자 시청률이 껑충 뛰었다.

TNMS 미디어 데이터에 따르면 이날 '라디오스타' 시청률은 전국 8.2% (1부 7.9%, 2부 8.6%) 수도권 10.0% (1부 9.6%, 2부 10.4%)를 기록하면서 동시간대 1위를 차지했다. '라디오스타'가 1부와 2부를 평균 해 전국 시청률 8%대를 넘은 것은 2018년 방송 중 처음이며, 수도권 시청률이 10%대를 넘은 것도 2018년 방송 중 처음이다. 이날 시청률은 이후 '라디오스타' 2018년도 한 해 중 최고 시청률이 되기도 했다.

이날 '라디오스타' 최고 1분 시청률 (전국 시청률 9.3%, 수도권 11.2%) 주인공은 이용 선수가 차지했는데 이용 선수가 경기 중 급소를 맞고 난 이후 비뇨기과에서도 연락이 오고 별명도 많이 생겼다는 이야기를 재미나게 하는 장면이었다.

평창 올림픽 금메달 이승훈 출연 효과로
집사부일체 시청률 큰 폭 상승

TNMS 미디어 데이터에 따르면 평창 올림픽 금메달 이승훈 선수가 2018년 3월 11일 SBS '집사부일체'에 출연하면서 1부 시청률 7.3%, 2부 시청률이 두 자리 수 10%대를 돌파하며 전국 가구 시청률 10.5%를 기록했다.

1부 시청률은 한 주 전에 비해 0.4% 포인트 상승했지만 2부는 한 주 전 시청률 7.4%보다 3.1% 포인트나 큰 폭으로 상승하면서 평창 올림픽 금메달 이승훈 선수의 효과를 톡톡히 보았다. '집사부일체' 시청률 상승 여파로 동시간대 KBS2 '1박 2일'은 한 주 전 시청률보다 2.9% 포인트 하락하며 시청률 14.0%에 그쳤다.

이날 이승훈 선수가 집사부 멤버들에게 스케이트 시범을 보인 후 빙판에서 멤버들이 휘청거리면서 서로 스케이트 대결을 할 때 최고 1분 시청률은 13.6%까지 상승했다.

평창 올림픽 영웅 이승훈, 임효준 선수 출연
라디오스타 시청률 껑충

MBC '라디오스타'가 2018년 3월 14일 평창 올림픽 영웅 이승훈 선수, 임효준 선수 그리고 곽윤기 선수가 출연한 '빙탄소년소녀단 특집'을 방송하면서 지난주보다 시청률이 크게 상승해 동시간대 1위를 차지했다.

TNMS 미디어 데이터에 다르면 이날 '라디오스타' 1부와 2부 전국 가구 시청률은 각각 6.8%와 7.2%를 기록하며 한 주 전보다 각각 1.3% 포인트, 2.1% 포인트 크게 상승했다.

이날 '라디오스타' 최고 1분 시청률 (8.3%) 주인공은 임효준 선수가 차지했는데 면봉으로 장난을 치다가 고막이 터져 부모님이 원하시는 수영 선수가 되지 못하고 결국 쇼트트랙 선수가 되었다며 쇼트트랙 선수가 된 계기를 이야기할 때였다.

냉부해 빙상계 인기스타 곽윤기 X 김아랑 출연

JTBC '냉장고를 부탁해'에 빙상계 인기스타 곽윤기 선수와 김아랑 선수가 출연하여 금메달급 입담으로 재미를 더했다.

전국 3,200가구, 9천 명 대상으로 시청률을 조사한 TNMS 미디어 데이터에 따르면 이날 곽윤기 선수와 김아랑 선수 출연으로 인해 '냉장고를 부탁해' 시청률은(유료가입) 4.4%를 기록하면서 지난주에 이어 비지상파 동시간대 1위를 수성하는데 성공했다.

이날 최고 1분 시청률은 곽윤기 선수 냉장고에서 초콜릿 위에 '윤기오빠♡'라는 쪽지를 발견한 MC 김성주가 글씨체가 김아랑 선수와 비슷하다고 주장하자 이에 곽윤기 선수가 김아랑 선수가 준 것이 아니라 팬이 준 것이라고 대답하면서 크게 웃는 장면으로 시청률이 5.7%까지 상승했다.

사랑해
누나

시청률 상승 연예인

　무수한 연예인들이 각종 프로그램에 출연하지만 모두가 시청자들의 기억 속에 오래 남는 것은 아니다. 방송 후 얼마 지나지 않아 기억에도 없이 사라지는 연예인들도 많다. 하지만 연예인 중에는 방송에 나왔다 하면 시청률이 상승되는 연예인들도 있다. 시청률이 상승되기 위해서는 출연자 외에도 여러 제작 편성 요인들이 복합적으로 유기적으로 잘 작용해야 한다. 그럼에도 불구하고 특정 연예인이 출연했다 하면 시청률 상승이 되는 경우 시청률 상승에 해당 연예인 기여도가 크다고 보는 게 맞다.

　2018년 미디어데이터에서 발견된 시청률 상승을 일으키는 연예인들은 방탄소년단과 워너원, 빅뱅의 승리와 같은 아이돌 외에도 최수종, 김수미와 같은 중년 연예인들이 포함 되어 있다. 대표적 시청률 상승 연예인이라고 볼 수 있는 방탄소년단은 음악 프로그램에 출연할 때면 최고 1분 시청률 주인공 자리를 차지했다. 또 빅뱅의 승리는 다른 멤버들의 군 입대로 인해 2018년 한 해 동안 가수로 활동보다는 엔터테이너로 활동이 많았는데 출연하는 예능 프로그램 시청률을 상승시키면서 엔터테이너 입지를 굳히는데 성공했다.

워너원 강다니엘은 10대 대상 음악프로그램이 아닌 예능 프로그램 JTBC '냉장고를 부탁해'에 출연했을 때도 최고 1분 시청률 주인공이 될 정도로 성인 시청자들로부터도 많은 사랑을 받았다.

중년 연예인 최수종은 바른 이미지를 가진 그리고 아내를 사랑하는 따뜻한 남자 애처가로 시청률 상승에 기여했다. 그가 출연하는 프로그램들은 대체로 시청률 상승세를 탔다. 또 '수미네 반찬'에 출연하고 있는 김수미는 넉넉하게 집밥을 나눠먹는 따뜻한 이미지와 함께 '수미네 반찬' 외에 프로그램 출연에서도 시청률 상승에 기여했다. 특히 김수미는 2018년 한 해 동안 요리프로그램 등을 통해 따뜻한 이미지를 만드는데 성공했다.

최수종과 김수미 외에도 2018년 한 해 동안 출연했다 하면 대체로 시청률이 올라가는 연예인으로 추자현 우효광 커플을 빼 놓을 수 없다. 이들 역시 최수종과 김수미와 같은 따뜻한 이미지로 시청자의 사랑을 받는데 성공했다. 부부가 국적이 다르고 언어도 다르지만 서로 아름답게 사랑하는 추자현 우효광 커플 모습에 시청자들은 채널을 고정시켰다.

추자현 우효광 커플만큼은 아니더라도 출연하면 시청자의 시선을 고정하는 또 다른 커플이 있었는데 바로 노사연 이무송 부부이다. 이들은 2018년 한 해 동안 최수종 부부나 추자현 부부와는 다르게 현실 부부 이미지로서 시청자들에게 다가왔다. 이들 부부는 옆

집 아줌마 아저씨와 같은 보통사람의 이미지로 2019년에도 계속 인기가 유지될 것으로 보인다.

2018년 한 해 동안 무엇보다도 새로운 인기 신드롬을 일으키며 시청률 상승에 기여한 연예인은 단연 가수 홍진영이라고 할 수 있겠다. 홍진영은 자신의 쾌활한 이미지에 언니 홍선영 그리고 홍진영 엄마까지 유쾌하고 밝은 이미지를 굳히며 SBS '미운 우리 새끼' 시청률을 상승시켰다. 홍진영이 자신의 밝고 명랑한 이미지에 좋은 가족관계 이미지가 더해지면서 2019년에도 홍진영이 출연하는 프로그램들은 시청률 상승세가 이어질 것으로 보인다.

이처럼 출연할 때 시청률이 상승하는 연예인들의 공통점은 따뜻한 이미지를 가지고 있다는 것이다. 시청자들은 노출이 심하거나 격하거나 선정적이거나 이런 이미지의 연예인들보다 개성이 강하더라도 따뜻한 이미지의 연예인들을 선호하고 있음을 알 수 있다. 그것은 우리 사회가 1인 가구 증가 그리고 세대 간의 갈등이 증가되면서 느끼는 사회전반의 삭막함과 어쩌면 맞물리는 현상이라고 볼 수 있다. 집에서 TV를 시청할 때라도 시청자들은 잠시나마 따뜻한 감정을 느끼고 싶어 하는지도 모른다.

방탄소년단

방탄소년단은 KPOP을 대표하는 유명가수로 2018년 한 해를 보냈다. 각종 유명 해외 시상식을 휩쓸고 유엔에서 연설을 하는 영예도 얻었다. 국내에서도 방탄소년단은 출연 프로그램마다 시청률을 상승시키고 최고 1분 시청률 주인공을 차지하며 시청자들로부터 뜨거운 반응을 얻었다.

BTS 컴백쇼 시청률 크게 상승,
10대 여자 시청률 가장 많이 상승

'BTS 컴백쇼'가 2018년 5월 24일 저녁 음악채널 Mnet을 통해 방송되면서 시청률이 크게 상승했다. TNMS 미디어 데이터에 따르면 'BTS 컴백쇼' 전국 가구 시청률(유료가입)은 1.4%로 전날 동시간대 시청률 0.2%보다 무려 1.2% 포인트 상승하며 BTS의 인기를 실감하게 했다. 특히 이날 BTS 컴백쇼를 가장 많이 시청한 10대 여자 시청률은 2.1%를 기록하며 전날 10대 여자 시청률 0.2%보다 무려 1.9% 포인트 높은 시청률 상승을 보였다.

BTS는 이날 컴백쇼에서 신곡 '페이크 러브(Fake Love)'를 소개했다. BTS는 미국 빌보드 뮤직어워드에서 2년 연속 톱 소셜 아티스트 상을 수상하고 돌아왔다.

방탄소년단 엠카운트다운
최고 1분 시청률 주인공

Mnet '엠카운트다운' 2018년 6월 7일 방송에서 1위를 차지한 월드 아이돌 스타 '방탄소년단'이 엠카운트다운 최고 1분 시청률 주인공 자리도 차지했다.

TNMS 미디어 데이터에 따르면 이날 엠카운트다운 최고 1분 시청률(전국 1.0%, 수도권 1.4%)은 1위 후보곡으로 방탄소년단이 'Fake Love'를 부를 때로 전국에서 21만 5천 명이 채널을 고정했다. 이날 엠카운트다운 평균 시청률이 전국 0.8%, 수도권 1.2%이고 평균 시청자 수 15만 명이 시청한 것과 비교해보면 방탄소년단의 인기가 얼마나 높은지 알 수 있다.

이날 엠카운트다운에서는 '방탄소년단' 외에도 워너원, 유빈, 프로미스나인의 컴백 무대가 꾸며졌으며 볼빨간사춘기, 샤이니, AOA, 온앤오프 등이 출연했다.

방탄소년단 Mnet 2018 마마 인 재팬
최고 1분 시청률 주인공 차지

TNMS 미디어 데이터에 따르면 2018년 12월 12일 일본 사이타마 슈퍼아레나에서 방송된 CJ E&M 주최 Mnet '2018 마마 인 제팬' 시청률(유료가입)은 1부 1.3%, 2부 1.5%, 3부 1.7%를 기록했다.

최고 1분 시청률 주인공은 이날 대상 월드와이드 아이콘 오브 어 이어(orldwide Icon of The Year)를 받은 방탄소년단이 수상 소감을 말할 때로 시청률이 2.2%까지 상승했다.

빅뱅 승리

빅뱅 승리는 빅뱅의 다른 멤버들이 군대에 가면서 혼자 남게 되자 엔터테이너로 다방면에서 활약했다. 2018년 한 해 동안 승리는 다양한 예능 프로그램에 출연해 시청률을 상승시키며 존재감을 뽐냈다.

승리 6주 만에 냉부해 최고 시청률로 끌어올려

빅뱅 승리가 2018년 8월 13일 JTBC '냉장고를 부탁해'에 마마무의 화사와 함께 게스트로 출연하여 시청자들을 즐겁게 하자 시청률이 껑충 상승했다.

TNMS 미디어 데이터에 따르면 이날 '냉장고를 부탁해' 시청률(유료가입)은 5.4%로 지난 주 4.6%보다 0.8% 포인트 상승하면서 6주 만에 '냉장고를 부탁해' 중 가장 높은 시청률을 기록, 동시간대 비지상파 1위를 차지했다.

이날 승리는 여러 나라의 다양한 친구 인맥을 자랑하듯 각국의 다양한 식자재가 들어있는 자신의 냉장고를 공개하면서 요리 대결을 펼칠 셰프들에게 여러 나라의 친구들이 모두 좋아할 요리를 만들어 달라고 주문했다. 요리 품평에서 승리는 김풍에게 '일단 면 요리는 이렇게 넓은 그릇을 쓰면 안 된다'고 지적하며 라멘 CEO의 까칠한 면모를 보여줘 웃음을 자아냈다.

승리 x 박수홍 케미 미운 우리 새끼
시청률 급상승

승리와 박수홍의 흥미진진한 발리 여행기가 그려지면서 SBS '미운 우리 새끼' 시청률이 지난주보다 급상승하며 추격이 없는 동시간대 1위 자리를 굳건히 했다.

TNMS 미디어 데이터에 따르면 2018년 6월 3일 저녁 방송된 '미운 우리 새끼' 1부 전국 시청률은 16.7%, 2부 시청률은 21.2%로 지난주보다 각각 3.0% 포인트, 4.0% 포인트 크게 상승했다. 동시간대 경쟁 프로그램 MBC 주말드라마 '부잣집 아들' 4회 연속 방송 시청률은 10%대 초반에 그쳐 '미운 우리 새끼'가 적수 없는 1위임을 보였다.

이날 '미운 우리 새끼' 최고 1분 시청률은 22.1%까지 상승했는데 승리 매력에 푹 빠진 박수홍이 20년 어린 승리에게 친구하자고 제안하고 이에 승리가 요즈음은 친구들 사이에 연령대 구분이 없는 것이 대세라면서 박수홍의 제안을 흔쾌히 받아들이며 박수홍과 맛깔 나는 케미를 보이는 장면이었다.

하룻밤만 재워줘
최고 1분 시청률 장면은 빅뱅과의 만남 5.4%

2018년 3월 6일 방송한 KBS2 예능 프로그램 '하룻밤만 재워줘'에서는 지난 '하룻밤만 재워줘' 파일럿 프로그램 당시 낯선 이탈리아에서 김종민과 이상민에게 흔쾌히 잠을 잘 수 있도록 호의를 베풀어주었던 이탈리아 현지인 가족들이 김종민과 이상민의 초대로 한국을 방문했다. 이들의 한국 체류기간 동안 이상민은 빅뱅 열성 팬인 소녀 마르따를 빅뱅 콘서트에 데리고 가 빅뱅을 직접 만나게 해주었다. 감격에 겨운 소녀는 빅뱅 앞에서 어쩔 줄을 몰라 했다.

TNMS 미디어 데이터에 따르면 이들 이탈리아 패밀리가 빅뱅을 만나는 순간 시청률은 5.4%까지 상승했다. '하룻밤만 재워줘' 이날 전국 가구 평균 시청률이 4.5%였는데 이보다 1.0% 포인트나 높은 수치이다.

워너원

워너원은 인기 아이돌 그룹답게 각종 프로그램에서 시청률을 상승시켰다. 특히 강다니엘은 최고 1분 시청률 주인공 자리를 차지하며 인기를 몰아갔다.

M카운트다운 1위 트로피 받은 워너원
최고 1분 시청률 주인공 자리도 차지

Mnet에서 2018년 3월 29일 방송한 'M카운트다운'에서 '부메랑'으로 컴백한 '워너원'이 1위 트로피를 받으며 시청자의 사랑도 한 몸에 받았다.

TNMS 미디어 데이터에 따르면 이날 'M카운트다운' 방송 중 최고 1분 시청률 장면은 '워너원'이 '너의 이름'을 부를 때로 20만 3천 명이 시청하는 열기를 보였다. 'M카운트다운' 최고 1분 시청자 수이다.

워너원의 뒤를 이어 그다음 많은 시청자를 확보한 그룹은 '동방신기'로 '동방신기'가 '운명'을 부를 때 19만 1천 명이 시청한 것으로 집계되었다. 워너원과 동방신기는 1만 2천 명 차이를 보였다.

역시 강다니엘 냉부해 최고
1분 시청률 주인공 차지

JTBC '냉장고를 부탁해' 2018년 5월 28일 출연한 강다니엘이 최고 1분 시청률 주인공을 차지했다. 역시 강다니엘이었다.

TNMS 미디어 데이터에 따르면 이날 '냉장고를 부탁해'에서 강다니엘이 잠시 MC 김성주 대신 셰프들의 요리대결 현장 중계를 맡자 순간 최고 1분 시청률(이하 유료가입)은 전국 5.8%, 수도권 7.3%까지 상승했다. 이날 '냉장고를 부탁해' 프로그램 평균 전국 시청률이 4.5%였던 것을 감안하면 강다니엘의 높은 인기를 알 수 있다.

강다니엘이 '냉부해' 최고 1분 시청률을 차지하는 순간 30대 여자와 40대 여자 시청률은 각각 6.7%까지 상승하며 10대가 아님에도 불구하고 '강다니엘 앓이'를 보였다.

최수종

성실한 연예인이라는 이미지와 함께 아내 하희라와 잉꼬부부로 평이 나 있는 최수종은 화려한 입담이 그다지 없음에도 불구하고 2018년 한 해 동안 출연한 예능 프로그램에서 시청자 주목을 받으며 시청률을 상승시켰다.

최수종 x 하희라 동상이몽
최고 1분 시청률 주인공 연속 차지

연예가의 대표 잉꼬부부 최수종 하희라 부부가 2018년 1월 29일 방송된 SBS '동상이몽2 너는 내 운명'에 출연했다. 이들 부부가 예능에 함께 출연하는 것은 흔치 않은 일로 방송 전부터 시청자들의 기대감이 컸다.

TNMS 미디어 데이터(전국 3,200가구, 약 9천 명 조사)에 따르면 이러한 시청자들의 기대감과 함께 이날 '동상이몽2' 1부와 2부 전국 시청률은 각각 9.1%와 9.5%를 기록하며 한 주전보다 무려 1부 1.7%, 2부 2.0% 포인트 시청률이 대폭 상승했다.

이날 최수종 하희라 부부는 SBS '동상이몽2'에 합류하자마자 그동안 추자현 우효광 부부가 차지하던 최고 1분 시청률 주인공 자리를 차지하면서 최수종 하희라 부부에 대한 시청자들의 사랑을 입증했다. 최수종 하희라 부부가 라오스로 은혼 여행을 준비하는 알콩달콩한 장면이 방송될 때 시청률이 11.1%까지 상승했다.

최수종 x 하희라 동상이몽 최고 1분 시청률
주인공 연속 차지

TNMS(전국 3,200가구, 약 9천 명 조사) 미디어 데이터에 따르면 2018년 1월 29일 SBS '동상이몽2'에 연예가의 대표 잉꼬부부 최수종 하희라 부부가 합류하면서 SBS '동상이몽2' 시청률이 전주에 비해 대폭 상승, 1부와 2부 시청률이 각각 9.1%와 9.5%를 기록하더니 그다음 주 2월 5일 최수종 하희라 부부가 다시 '동상이몽2'에 출연하면서 이들 부부 효과로 다시 한 번 '동상이몽2' 시청률이 상승했다. 2018년 2월 5일 '동상이몽2' 시청률은 1부 9.7%, 2부 9.8%를 기록했다.

이날 최고 1분 시청률도 지난주에 이어 최수종 하희라 부부가 차지했는데, 25년 째 희바라기인 최수종이 화장실 앞에서 아내 하희라를 기다려주는 자상한 모습이 방송을 탈 때 시청률이 11.5%까지 상승했다. 이날 최수종 하희라 부부가 차지한 최고 1분 시청률조차도 한 주 전 이들 부부가 '동상이몽2'에서 기록한 11.1%에 비해 0.4% 포인트 상승을 보여 최수종 하희라 부부가 많은 시청자들의 사랑을 톡톡히 받고 있음을 보여주었다.

최수종,
해피투게더 최고 1분 시청률 주인공 차지

최수종이 2018년 3월 8일 '해피투게더 시즌3'에 출연하여 "하희라 말은 100% 옳다"며 사랑꾼 면모로 여심을 사로잡았다.

TNMS 미디어 데이터에 따르면 이날 KBS2 '해피투게더 시즌3'은 전국과 수도권 모두에서 동시간대 1위를 차지했는데 전국 시청률은 1부 5.9%, 2부 5.3%였으며 수도권 시청률은 6.7%, 7.3%로 전국보다 높았다. 특히 수도권 시청률은 1부와 2부 모두 최근 5주 만에 가장 높은 시청률을 기록하며 최수종 효과를 톡톡히 보았다.

이날 최고 1분 시청률은 출연자들이 입을 모아 최수종의 방송에 대한 자세와 성실함에 대해 칭찬할 때로 시청률이 수도권 기준으로 8.1%까지 상승했다.

최수종, 이재룡, 이무송, 홍서범 출연
라디오 스타 시청률 껑충

MBC '라디오스타' 2018년 7월 25일 방송에서 최수종, 이재룡, 이무송, 홍서범이 게스트로 출연하여 '브라보 마이 와이프' 특집으로 꾸며지면서 시청률이 껑충 상승했다.

TNMS에 따르면 이날 '라디오스타' 전국 시청률은 7.2%(1부 6.9%, 2부 7.6%)로 한 주 전 5.8%(1부 6.0%, 2부 5.4%)보다 1.4% 포인트 크게 상승하며 한 주 전에 이어 동시간대 1위를 차지했다.

'국민 애처가'로 알려진 최수종은 이날 방송에서도 변함없는 하희라 사랑을 보여주며 부부가 어떻게 사랑스럽게 사는지 그 비결을 이야기했다. 이에 이재룡, 이무송, 홍서범은 "이래서 최수종이구나"라며 마치 설교 말씀을 듣는 것 같다고 말해 스튜디오가 웃음바다가 되었다.

추자현 우효광 커플

추자현 우효광 부부는 남달리 시청자 사랑을 듬뿍 받는 커플이다. 2018년 이들 부부가 출연하면 시청률이 상승했다. 이들 부부에 대한 시청자 관심은 서로 국적이 다른 커플의 색다른 결혼 생활에 대한 관심도 포함되어 있겠지만 남다르게 잉꼬부부인 이들에 대한 시청자들의 특별한 사랑과 관심도 크다고 하겠다.

동상이몽 최고 1분 시청률 주인공 자리
추자현 커플 vs 최수종 커플 치열한 경쟁

TNMS 미디어 데이터에 따르면 SBS '동상이몽2' 최고 1분 시청률 주인공 자리를 두고 치열한 경쟁이 최수종 하희라 부부와 추자현 우효광 부부 사이에서 일어나고 있어 흥미롭다.

연예가의 대표 잉꼬부부 최수종 하희라 부부는 2018년 1월 29일 SBS '동상이몽2'에 합류하자마자 그동안 추자현 부부가 차지하던 최고 1분 시청률 자리를 빼앗아 새롭게 최고 1분 시청률(11.1%) 주인공 자리를 차지하면서 최수종 하희라에 대한 시청자들의 사랑을 입증했다. 이후 최수종 하희라 부부는 다음 회차 2018년 2월 5일 방송에서도 시청률 11.5%를 기록하며 최고 1분 시청률 주인공이 되어 연속 SBS '동상이몽2' 최고 1분 시청률 주인공 자리를 차지했다.

하지만 2018년 2월 12일 방송에서는 다시 추자현 남편 우효광이 차지하면서 최고 시청률 12.0%를 기록했다.

추자현 커플 동상이몽2 하차 마지막 방송에서도 최고 1분 시청률 주인공 차지 9.2%

‘동상이몽2’에서 인기를 한몸에 받았던 추자현 우효광 부부가 2018년 3월 26일 방송에서 하차 인사를 했다. 하차 마지막 방송에서도 추자현 부부는 ‘동상이몽2’ 최고 1분 시청률 주인공을 차지했다.

TNMS 미디어 데이터에 따르면 이날 추 커플이 중국 심천에서 두 번째 아침을 맞으며 중국인 남편 우효광이 침대에서 한국말로 “마누라 뽀뽀해주세요”라며 아내 추자현을 부르자 추자현이 남편에게 다가가 모닝키스를 해주는 사랑스러운 장면이 1분 순간 최고 시청률을 기록 9.2%까지 상승했다.

이날 ‘동상이몽2’ 1부 2부 평균 시청률은 7.7%로 동시간대 1위를 차지했는데 추 커플 최고 1분 시청률이 ‘동상이몽2’ 평균 시청률보다 1.5 포인트나 높아 이들 부부를 향한 시청자들의 많은 관심과 사랑을 알 수 있었다. TNMS 통합시청자 데이터에 따르면 추 커플 하차 소식이 처음 전해진 지난주 ‘동상이몽2’는 본방송, 재방송과 VOD를 통해 316만 명이 시청하며 아쉬워했다.

김수미

개그우먼으로 오해할 정도로 김수미는 그녀 특유의 캐릭터를 통해 각종 프로그램에 출연할 때마다 웃음을 선사한다. 그래서 그런지 김수미가 출연하는 프로그램들 시청률은 올라간다. 그녀의 웃음 뒤에는 그녀가 가지고 있는 인생의 진정성과 진지함도 묻어난다. 그래서 시청자들은 그녀를 좋아하는지도 모르겠다. 같이 출연하는 출연자들의 공도 있겠지만 시청률 상승에는 김수미 캐릭터 공이 커 보인다.

김수미 출연 '미운 우리 새끼' 시청률 껑충

　김수미가 탁재훈과 함께 이상민 집을 방문해 각종 웃음을 선사하자 SBS '미운 우리 새끼' 시청률이 폭발했다.

　전국 3,200가구 9천 명을 표본으로 집계한 TNMS 미디어 데이터에 따르면 2018년 5월 13일 '미운 우리 새끼' 시청률은 17.3%를 기록(1부 15.1%, 2부 20.5%) 하면서 한 주 전 시청률 14.7%(1부 13.6%, 2부 16.5%)보다 2.6% 포인트 크게 상승했다. 또 동시간대 1위, 일요일 예능 1위를 차지했다. 특히 이날 미우새 2부 시청률은 20.5%를 기록하면서 한 주 전 2부 시청률보다 4.0% 포인트 급상승 했다.

　이날 '미운 우리 새끼'에서는 김수미가 정성스럽게 집밥을 만들어 이상민 집에서 탁재훈과 함께 정답게 식사를 했는데 식사 도중 김수미는 특유의 돌직구 발언으로 이상민에게 빚을 빨리 갚고 일어서기 위해서는 이상민이 가수에서 연기자로 변신이 필요함을 조언했다. 즉석에서 이상민에게 멜로연기 연습을 시키던 김수미는 이상민과 역할 설정 과정에서 스스로 터져 나오는 웃음을 참지 못해 스튜디오를 초토화시켰다.

집사부일체 김수미 2탄 시청률 또 상승
집사부일체 첫 방송 이후 가장 높은
최고 시청률 기록

김수미가 '집사부일체' 2018년 11월 25일 45회 방송에서 다시 한번 김수미 존재감을 확실히 했다. TNMS 미디어 데이터에 따르면 이날 '집사부일체' 김수미 2탄 편 전국 시청률은 10.5%를 기록하면서 한 주 전 시청률 9.4%보다 1.1% 포인트 상승했다. 이날 '집사부일체' 시청률은 이때까지 '집사부일체' 방송 중 가장 높았던 시청률, 2018년 9월 9일 차인표가 사부로 출연했을 때 시청률 10.4%보다 0.1% 포인트 높았다.

이날 김수미는 '집사부일체' 멤버 이승기, 이상윤, 양세형, 육성재와 함께 자신의 영정 사진을 준비하는 시간을 가졌는데 자신의 삶을 돌아보며 시청자들에게 잔잔한 감동을 안겨주었다.

노사연 이무송 커플

일명 현실부부 노사연 이무송 커플은 연예인 커플이지만 우리 일상에서 흔히 볼 수 있는 평범한 부부 이미지를 가지고 있다. 그렇게 선남선녀가 아닌 이들의 외모는 오히려 시청자들에게 편안함을 주는 장점으로 작용하고 또 그렇게 여느 잉꼬부부처럼 알콩달콩 하게 살지 않는 모습도 대부분의 많은 부부들과 동떨어지지 않아 또 다른 장점으로 작용하는지 모른다. 이들 부부의 모습에서는 어딘가 모르게 완벽함이 없어 마치 옆집 동네 아줌마 아저씨 같은 편안함을 준다. 그래서 노사연 이무송 커플이 출연하면 시청자들은 채널을 돌리지 않는지 모르겠다.

노사연 이무송 부부 효과 동상이몽2
1분 시청률 주인공 노사연 이무송 부부

노사연 이무송 부부가 SBS '동상이몽2 너는 내 운명'에 첫 선을 보이자 2018년 4월 2일 '동상이몽2' 시청률이 한 주 전보다 상승하면서 동시간대 1위를 가볍게 수성했다.

TNMS 미디어 데이터에 따르면 이날 '동상이몽2' 전국 시청률은 1부 8.3%, 2부 8.9%를 기록하며 한 주 전보다 각각 0.6%, 1.3% 포인트 상승했다.

이날 '동상이몽2' 최고 1분 시청률 주인공은 노사연 이무송 부부가 차지했는데 노사연과 이무송이 수영복 쇼핑을 하러 갔을 때 노사연의 옷 사이즈를 묻는 가게 사람에게 이무송이 끼어들며 "엑스라지는 없을까요"라고 말하자 스튜디오에 폭소가 터지면서 전국 시청률은 9.2%, 수도권 시청률은 11.4%까지 상승했다.

노사연 이무송 부부의 합류로 이제 시청자들은 또 다른 동상이몽의 재미에 빠져들기 시작했다.

동상이몽2
이무송 노사연 현실부부 서프라이즈 이벤트 최고 1분 시청률

SBS '동상이몽2' 2018년 5월 7일 전국 가구 시청률이 TNMS 기준으로 한 주 전 대비 0.9% 포인트 상승, 6.6%를 기록하며 동시간대 1위 프로그램의 면모를 다시 한 번 과시했다. 특히 40대 여자 시청률이 8.3%로 가장 높았는데 한 주 전 40대 여자 시청률 6.9%보다 1.4% 포인트 상승했다.

이날 '동상이몽2'에서 시청자들의 마음을 가장 사로잡은 장면은 이무송이 다이빙하기 직전에 '질투의 화신, 나만의 여신' 플래카드를 서프라이즈 이벤트로 노사연에게 펼치자 노사연이 감격하며 함박웃음을 보여주는 장면이었다. 이 순간 전국 가구 시청률은 7.3%, '동상이몽2'를 가장 많이 시청한 40대 여자 시청률은 9.2%까지 상승했다.

노사연X이무송 출연하자 시청률 껑충 한끼줍쇼 시청률 다시 5%대로 복귀

노사연 이무송 부부가 함께 2018년 7월 4일 JTBC '한끼줍쇼'에 밥 동무로 출연하여 부천시 작동 까치울에서 한 끼 도전에 성공했다. 특히 노사연은 이경규와 함께 첫 번째 집에서 단번에 한 끼 도전에 성공하면서 모두를 놀라게 했다.

TNMS 미디어 데이터에 따르면 이날 현실 부부 노사연 이무송 부부가 출연하자 '한끼줍쇼' 전국 시청률(유료가입)은 5.2%로 상승하면서 한 주 전 시청률 4.5%보다 0.7% 포인트 높았다. '한끼줍쇼'가 시청률 5%대를 넘은 것은 지난 2018년 5월 30일 84회 시청률 5.2% 이후 처음이다.

노사연 이무송 부부는 방송 내내 25년 차 부부답게 티격태격하면서도 서로를 아끼는 모습을 보여주었다. 노사연이 고기와 김치밖에 없다는 댁에서 한 끼에 성공하자 이무송은 고기를 좋아하는 아내 노사연을 잘 부탁드린다며 집 주인에게 인사까지 하며 아내를 챙겨 웃음을 주었다.

감성데이터가 말하는 시청 트렌드

2018년 한 해 동안 TV 앞에서 시청자들의 생각과 가치관은 어떻게 변화되었을까?

결혼 관념의 유연성 변화

시청데이터를 살펴보면 시청자들은 이전보다 결혼에 대한 인식이 좀 더 유연해 지고 있는 것으로 나타났다. 아내 나이가 남편보다 무려 20살 가까이 연상인 부부 출연자들이 출연해도 이를 낯설게 여기지 않았으며 국적이 다른 결혼에도 열린 마음으로 시청했다. 미나 류필립 부부나 함소원 진화 부부에 대한 이야기가 TV에 나올 때 시청자들은 채널을 돌리지 않았고 시청률이 상승되었다.

또 연예인의 공개 연애에 대해서도 시청자들은 열린 마음으로 이를 지켜보았다. SBS '불타는 청춘에 출연하던 김국진과 강수지의 열애 발표와 결혼식 장면은 오히려 SBS '불타는 청춘' 시청률을 상승시켰고 MBC '나 혼자 산다'에 출연하고 있는 전현무와 한혜진 공개 열애 발표에도 '나 혼자 산다' 시청률은 이후 전혀 하락하지 않았다. 뿐만 아니라 시청자들은 연예인들의 신혼살림 공개에도 큰 관심으로 함께 했다. 해당 연예인들이 대중들에게 크게 인지도가 있는 경우가 아니다 하더라도 시청률은 대체로 상승세를 탔다.

여자 성 정체성 인식 변화

2018년 주요 트렌드 중 하나는 여자라는 성 정체성에 대한 인식 변화이다. 2018년에는 우리 사회 전반에 미투가 시작된 해다. 성폭력을 당한 피해자들이 가해자들을 공개로 지목하면서 자신들의 피해가 더 이상 재발되지 않도록 호소했다. 당당한 여성들의 모습이 사회 이모저모에 나타나면서 MBN '나는 자연인이다'에도 여성 자연인이 출연했다. 주로 남자들이 출연하는 MBN '나는 자연인이다' 프로그램에 여자 자연인이 출연하자 그때마다 시청률이 상승하는 트렌드를 보였다. 여자 혼자서 산에서 산다는 것이 아직은 보편적인 일이 아닌지라 호기심으로 시청률이 상승한 부분도 있겠지만 여자임에도 불구하고 산에서 혼자 사는 이들의 결단과 용기에 시청자들이 박수를 보낸 결과일 수도 있겠다.

TV에 출연하는 여성이 반드시 외모가 뛰어날 필요가 없다는 새로운 트렌드도 미디어 감성데이터를 통해 발견할 수 있다. 여성 출연자에 대한 생각이 바뀌고 있는 것이다. 이영자가 올리브 채널 '밥블레스유'에서 방송 처음으로 수영복 차림으로 나왔을 때 날씬한 몸매의 이영자가 아님에도 불구하고 시청률이 상승했다. 특히 이날 30대 여자 시청률이 상승했다. 남자 시청자들이 이영자의 벗은 몸매에 관심이 있어 시청률이 상승한 것이 아니라 젊은 30대 여자 시청률 상승이 한몫을 했다는 말이다. 시청자들은 이영자의 당당함에 박수를 보낸 것이다.

홍진영의 언니 홍선영의 인기도 이와 맥을 같이 한다고 볼 수 있다. 가수 홍진영의 언니 홍선영은 몸무게가 좀 나가는 몸매지만 예쁜 외모를 가진 연예인 동생과 함께 TV에 나오는 것을 두려워하지 않았다. 대중들 앞에서 동생과 비교를 당하는 것에 위축되지 않고 자신의 당당함을 그대로 표현하면서 SBS '미운 우리 새끼' 시청률을 상승시켰다. 만약 홍진영의 언니 없이 가수 홍진영만 '미운 우리 새끼'에 출연했더라면 '미운 우리 새끼' 시청률이 이처럼 상승되지 않았을지 모른다. 이제 시청자들은 단지 외모가 보기 좋은 여자 출연자만 선호하지 않고 있다. 개성이 강하고 자신의 단점을 감추지 않는 당당한 여자에 대한 선호도가 높아졌다.

의미와 감동 주는 콘텐츠 선호 트렌드

일반적으로 사람들은 시청자들이 선정적인 콘텐츠를 선호한다고 생각하지만 시청 데이터를 면밀히 살펴보면 시청자들은 생각 외로 의미와 감동을 얻을 수 있는 콘텐츠에 대한 선호도가 높다는 것을 알 수 있다. 동일 프로그램에서 시청률이 상승한 회차가 있을 때 그 원인을 살펴보면 그날 내용이 다른 날보다 더 감동적이거나 시청자들이 어떤 특별한 의미를 느낄 수 있는 내용일 경우가 많다. 예를 들어 KBS2 '1박 2일' 경우에도 멤버들이 판문점 군사분계선을 방문하자 이때 시청률이 상승했다. 그동안 판문점 군사분계선은 주로 정치 혹은 군사 이슈와 관련되어서 TV에 많이 등장되었지만 예능프로그램에서 멤버들이 민간인 자격으로 판문점 군사분계선을 방문했을 때 시청자들에게 주는 의미는 남달랐다. 또 tvN '수미네 반찬'에서 김수미가 독거노인을 위해 김장김치를 직접 만들어 나누어 주는 내용이 방송되자 이때도 시청률이 상승했다. 요즈음 대부분 가정에서 김치가, 더 이상 집에서 직접 담그지 않고 사먹는 식품이 되어가는 환경 속에서 유명 연예인이 직접 김장을 하는 것도 이채로운데 김수미가 적은 양도 아니고 2천 포기를 담가 독거노인에게 나누어 주는 일은 분명 감동적임에 틀림없다.

2019년도에 콘텐츠 제작 관련자들이 자신들이 만든 콘텐츠가 시청자들로부터 많은 사랑을 받기 위해 명심해야 할 일은 선정적이거나 자극적인 내용보다 의미와 감동의 콘텐츠 제작이 필요하다는 사실이다.

정보를 얻고자 하는 트렌드

tvN '수미네 반찬'을 통해 2018년도 또 하나의 주요 트렌드를 발견할 수 있는데 그것은 정보를 얻고자 하는 시청 트렌드이다. SBS '백종원의 골목식당', tvN '수요 미식회', tvN '수미네 반찬'들은 먹방과 관련해 정보를 제공하는 프로그램들이다. 이러한 먹방 관련 정보 프로그램은 예능의 형태를 띠고 있지만 시청자들은 이들 프로그램을 예능 외에도 또 다른 정보 프로그램으로 인식하고 이들 프로그램을 통해서 유익한 정보를 얻는데 목적을 두고 있는 것으로 나타났다. 다시 말해 요리 프로그램이 예능에 기반을 두고 있다 할지라도 시청자들은 이 프로그램을 통해 요리 잘 하는 방법을 배우고자 하는 시청 태도가 있다는 것이다. tvN '수미네 반찬' 방송 중 가장 시청률이 높았던 방송은 추석을 앞두고 초 간단 추석 음식 조리법을 선보였을 때였다. 시청자들은 '수미네 반찬'에 자신들이 좋아 하는 연예인이 게스트로 출연하는 것도 좋지만 자신들이 이 프로그램을 통해 필요로 하는 반찬 조리법을 배우기를 희망하는 것을 알 수 있다. 특히 추석명절을 앞두고 그리 복잡하지 않으면서 가족 친지들이 둘러 앉아 맛있게 먹을 수 있는 조리법이 있다면 주부로서 알고 싶고 배우고 싶어진다.

재미없는 시상식 중계 프로그램

2018년 미디어데이터를 통한 또 하나의 주요 발견은 시상식 중계 프로그램의 시청자 외면이다. 시상식 프로그램에서 주는 상 자체의 권위가 떨어진 것도 이유가 되겠지만 시상식 방송 진행 내용이 시청자들과 공감대를 전혀 형성하지 못하고 있는 것도 주요 원인이라 하겠다. 대중인 시청자가 인정하지 못하고 대중인 시청자가 흥미롭게 생각하지 않는 이런 대중매체 관련 시상식은 하루 바삐 개선될 필요가 있겠다.

연상 아내 연하 남편

　시대가 바뀌면서 여자가 남자보다 연상인 커플들이 증가하고 있다. 그리고 여자의 나이가 남자보다 20살 가까이 연상인 커플도 방송에 심심찮게 등장하고 있다. 분명히 대부분의 일반 부부와는 다른 형태이다. 하지만 이런 커플들이 방송에 나올 때 시청자들은 채널을 돌리지 않았다. 오히려 시청률이 상승되었다. 그렇다면 이것은 단지 시청자들이 가지고 있는 이들에 대한 호기심 때문일까?

　결혼에 대한 생각들이 다양해지고 바뀌면서 시청자들은 나이 차이가 많이 나는 여자 연상 남자 연하 커플에 대해서도 큰 반감 없이 열린 마음으로 이들을 있는 그대로 바라보고 받아들이는 변화가 생기고 있음을 알 수 있다. 함소원과 진화 부부 그리고 류필립과 미나 커플이 TV에 나올 때마다 시청률이 상승했다.

18살 연하 남편 시어머니 만나는 함소원
'세상 어디에도 없는 아내의 맛' 시청률 상승

TV조선 '세상 어디에도 없는 아내의 맛'에서 18살 어린 남편을 둔 함소원이 자신과 불과 13살밖에 나이 차이가 나지 않는 시어머니를 제주도에서 처음 만나는 장면이 2018년 7월 3일 방송되었다. 시청자들의 관심과 함께 시청률이 상승했다.

TNMS 미디어 데이터에 따르면 '세상 어디에도 없는 아내의 맛' 이날 5회 전국 시청률(유료가입)은 3.6%를 기록하면서 한 주 전 시청률 3.0%보다 0.6% 포인트 상승했다. 뿐만 아니라 지난 2018년 6월 5일 '세상 어디에도 없는 아내의 맛' 첫 방송 이후 2018년 7월 3일까지 중 가장 높은 자체 최고 시청률을 기록했다.

이날 '세상 어디에도 없는 아내의 맛'은 당일 TV조선이 방송한 모든 프로그램 중 가장 높은 시청률로 시청률 순위 1위를 차지했다. 2위인 'TV조선 뉴스 9' 시청률 2.6%보다 1.0% 포인트 높았다.

함소원♡진화 18살 나이차 극복 결혼식
세상에도 없는 아내의 맛 시청률 상승

함소원과 진화가 18살 나이 차이와 한국과 중국이라는 서로 다른 국적을 가진 배경을 이겨내고 드디어 제주도에서 결혼식을 올렸다. 결혼식 모습이 2018년 8월 21일 TV조선 '세상에도 없는 아내의 맛'을 통해 방송되면서 시청자들의 큰 관심과 함께 시청률이 상승되었다.

TNMS 미디어 데이터에 의하면 2018년 8월 21일 '세상에도 없는 아내의 맛' 전국 시청률(이하 유료가입)은 4.2%로 지난 주 시청률 3.3%보다 0.9% 포인트 상승했다.

이날 그동안 두 사람의 만남을 반대했던 진화의 아버지가 결혼식 참석을 위해 중국에서부터 제주도에 도착했다. 이전 결혼 반대의 모습은 사라지고 진화의 아버지가 결혼식에서 오히려 축가를 부르고 요리를 하고 용돈도 듬뿍 며느리에게 베풀면서 며느리에 대한 사랑을 보여줘 시청자들을 뭉클하게 했다.

아내의 맛 함소원 중국 시월드 첫 입성
시청률 지금까지 아내의 맛 중 최고

18세 연하남 중국인 진화와 결혼한 함소원이 중국 시월드에 첫 입성하는 내용이 TV조선 '세상에도 없는 아내의 맛'을 통해 2018년 8월 28일 방송을 타자 시청자들의 큰 관심을 받았다.

TNMS 미디어 데이터에 따르면 이날 '아내의 맛' 시청률(유료가입)은 4.3%로 지난 2018년 6월 5일 '세상에도 없는 아내의 맛' 첫 방송 이후 2018년 8월 28일 지금까지 방송 중 가장 높은 시청률을 기록했다.

이날 '아내의 맛'에서는 같은 중국이지만 2천km나 멀리 떨어진 곳에서 한국 새 애기 함소원을 보러 온 중국 친척들이 있어 눈길을 끌었다. 또 결혼 축하를 하러 온 진화 친척들이 중국 전통에 따라 며느리에게 빨간 봉투에 용돈을 넣어주어 이채로웠다.

류필립 미나 17년차 극복하고 결혼 후
첫 살림남 출연 시청자 관심과 함께 시청률 상승

지난 2018년 7월 7일 17살 나이 차이를 극복하고 류필립과 미나가 결혼과 함께 정식 부부가 되었다. 이후 처음으로 KBS2 '살림하는 남자들'에 출연하면서 2018년 7월 11일 시청률이 상승했다.

TNMS 미디어 데이터에 따르면 이날 '살림하는 남자들' 전국 시청률은 8.1%로 한 주 전 7.1%보다 1.0% 포인트 상승하며 시청자들의 관심을 받았다. 뉴스를 제외한 동시간대 프로그램 중 가장 높은 시청률이다. MBC '이상한 나라의 며느리'는 시청률 3.8%, SBS '영재발굴단'은 시청률 5.8%를 기록했다.

이날 오이김치를 좋아하는 류필립은 장모의 만류에도 불구하고 오이 500개를 따서 아내 미나와 함께 힘들게 양념을 하면서 사랑꾼 면모를 보였다.

류필립,
미나와 결혼하지 않으면 떠날 것 같았다 고백
살림남2 시청률 껑충

　KBS2 '살림하는 남자들2'에서는 2018년 8월 8일 시외할머니 생일잔치를 준비하는 류필립 부부 모습이 공개되었다. 이날 방송에서 류필립은 미나와 결혼하지 않으면 미나가 떠날 것 같았다고 말하면서 류필립과 미나의 결혼을 반대했던 형과의 서운했던 관계도 풀려고 노력했다.

　TNMS 미디어 데이터에 따르면 눈물의 속마음을 고백하는 류필립 이야기와 함께 이날 '살림하는 남자들2' 시청률은 7.8%를 기록하면서 지난 주 6.5%보다 1.3% 포인트 크게 상승했다. 지난주에 이어 동시간대 예능 1위 자리 역시 놓치지 않았다. 이날 '살림하는 남자들2'는 50대 여자가 가장 많이 시청했는데 시청률은 8.2%까지 상승했다.

사랑과 결혼에 대한 관심

  예전과 달리 연예인들의 공개 열애가 증가하고 있다. 2018년 한 해만 해도 김국진 강수지가 공개 열애 후 결혼을 했고 홍현희 제이쓴 부부가 공개 열애 후 결혼을 했다. 또 전현무 한혜진 커플이 공개 열애를 발표했다.

  대중의 사랑을 먹고사는 연예인들이 자신에게 사랑하는 사람이 있다고 공개하는 것은 쉽지 않은 일이다. 하지만 이들이 사랑하는 이성을 공개했을 때 이들에 대한 시청자들의 관심은 식지 않았다. 오히려 자신들의 사랑을 공개하고 결혼 생활을 공개할 때 시청자들은 큰 관심으로 채널을 고정하며 시청했다. 인지도가 높은 연예인뿐만 아니라 그렇지 않은 경우에도 시청자들은 큰 흥미로 이를 지켜봤다. 시청자들은 이들의 사랑과 결혼을 연예인이라는 키워드에 방점을 주고 보기보다는 사랑과 결혼이라는 키워드에 방점을 주고 보고 있다.

  김국진과 강수지의 열애 발표와 결혼식 장면은 '불타는 청춘' 시청률을 상승시켰고 전현무와 한혜진 커플 공개 열애 발표 후 '나 혼자 산다' 시청률도 상승했다. 홍현희와 제이쓴의 신혼살림집 공개에도 TV 조선 '아내의 맛' 시청률은 상승했다. 또 이필모가 '연애의 맛'에서 만난 일반인 서수연과 결혼을 발표하자 '연애의 맛' 시청률이 크게 상승했다.

김국진♡강수지 결혼 발표
시청자 큰 관심

SBS '불타는 청춘'에서 김국진과 강수지가 결혼 계획을 발표하자 시청자들의 큰 관심이 모아지면서 김국진과 강수지가 2018년 2월 6일 '불타는 청춘' 최고 1분 시청률 주인공을 차지했다.

TNMS(전국 3,200가구, 9천 명 조사) 미디어 데이터에 따르면 이날 '불타는 청춘' 1부 전국 시청률은 5.8%, 2부 시청률은 6.6%였지만 방송에서 김국진과 강수지가 5월 결혼 계획을 발표하는 순간 1분 시청률은 7.7%까지 상승했다.

이날 '불타는 청춘' 1부와 2부는 KBS2 '철부지브로망스 절찬 상영 중' 시청률 2.2%, MBC 'PD 수첩' 3.1%를 가볍게 누르고 동시간대 1위를 차지했다.

김국진♡강수지 결혼식
불타는 청춘 시청률 급상승

김국진과 강수지의 깜짝 눈물의 결혼식이 2018년 5월 15일 밤 SBS '불타는 청춘'을 통해서 방송되면서 시청률은 급상승했다.

전국 3,200가구, 약 9천 명을 표본으로 집계한 TNMS 미디어 데이터에 따르면 이날 '불타는 청춘' 전국 시청률은 7.8%(1부 7.5%, 2부 8.2%), 수도권 시청률은 9.0%(1부 8.5%, 2부 9.6%)까지 상승했다. 한 주 전에 비해 전국은 1.2% 포인트, 수도권은 2.0% 포인트 상승한 것이다.

둘 다 재혼인 김국진과 강수지는 별도 결혼식을 하지 않겠다고 했지만 이날 '불타는 청춘'에 출연하고 있는 멤버들이 극비리에 김국진과 강수지를 위한 결혼식을 준비했다. 강수지는 멤버들의 사랑과 정성에 감동의 눈물을 흘렸다.

이날 최고 1분 시청률은 신랑신부 입장에 앞서 강수지가 눈물을 흘리자 이를 지켜보던 양수경, 박선영, 구본승, 김광규 등 청춘들이 줄줄이 릴레이 울음을 터트리는 장면으로 순간 시청률이 전국 8.6%, 수도권 9.8%까지 상승했다.

전현무와 한혜진 공개 열애 시청자 큰 관심
10~40대 각 연령대 시청률 순위
1위 싹쓸이

전현무 한혜진 열애설 인정 당일 긴급 녹화한 '나 혼자 산다' 2018년 3월 2일 본방송이 10대부터 40대까지 각 연령대별 시청률 순위 1위를 싹쓸이했다. 이날 '나 혼자 산다' 전국 가구 시청률은 1부 11.7%, 2부 15.5%를 기록했는데 평창 올림픽 중계방송으로 결방하기 전 2018년 2월 16일 방송 1부 시청률 9.9%, 2부 시청률 10.1%보다 1부는 1.8% 포인트, 2부는 5.4% 포인트 크게 상승했다.

또한 전현무 한혜진 공개 열애설에 대한 높은 관심과 함께 금요일 본방송을 놓친 시청자들이 '나 혼자 산다' 재방송에 몰려들어 TNMS 통합시청자 수 집계 TTA(TV Total Audience)로 토요일과 일요일 주말 동안 '나 혼자 산다' 재방송 시청자 수는 506만 명으로 집계되었다. 바로 한 주 전 '나 혼자 산다' 주말 재방송 시청자 수 500만보다 6만 명이 더 많이 시청한 것이다.

홍현희 제이쓴 부부로 첫 출연
아내의 맛 시청률 최고로 끌어 올려

TV조선 '아내의 맛' 2018년 11월 27일 방송에 결혼 3주차 홍현희 제이쓴 신혼부부가 전격 출연해 부부로서 그들의 일상을 가감 없이 보여주자 시청자들의 큰 호응과 함께 이날 시청률이 '아내의 맛' 첫 방송 이후 2018년 11월 27일 현재까지 '아내의 맛' 방송 중 가장 높은 최고 시청률을 기록했다.

TNMS 미디어 데이터에 따르면 이날 '아내의 맛' 시청률(유료가입)은 4.4%로 지난 주 3.5%보다 0.9% 포인트 상승했을 뿐만 아니라 기존 '아내의 맛' 최고 시청률 4.3%(2018년 8월 28일 방송)을 갈아치웠다. 시청률 상승과 함께 '아내의 맛'은 이날 종편 동시간대 1위를 차지했다.

개그계 새 신부 홍현희, 허민, 이수지 출연
인생술집 3개월 만에 가장 높은 시청률

개그계 새 신부 홍현희, 허민, 이수지가 tvN '인생술집'에 출연하면서 이들의 재미난 입담과 함께 2018년 11월 22일 tvN '인생술집' 시청률이 크게 상승했다.

TNMS 미디어 데이터에 따르면 이날 tvN '인생술집' 시청률(유료가입)은 2.4%를 기록하면서 한 주 전 1.5%보다 0.9% 포인트 상승했다. 지난 2018년 8월 30일 이후 약 3개월 만에 가장 높은 시청률이다.

이날 홍현희는 자신이 잘생긴 연하남 제이쓴과 연애한다는 사실을 말해도 주변에서 믿지 못했다고 털어놓았다. 같이 출연한 허민은 결혼 전 임신사실을 남편 정인욱에게 숨겼던 사실 그리고 이수지는 웨딩 촬영 당일 무너진 의자 이야기를 재미나게 털어놔 인생술집 시청자들에게 큰 웃음을 안겨주었다.

이필모 서수연 커플 결혼계획 공개하자
연애의 맛 시청률 상승

  '연애의 맛'에서 만난 이필모 서수연 출연 커플이 방송용이 아닌 실제 사랑으로 이어지면서 2019년 초 결혼계획까지 발표되자 2018년 12월 27일 TV조선 '연애의 맛' 시청률이 4.1%(TNMS, 전국 유료 가입)로 상승했다. 이날 '연애의 맛'은 JTBC '뉴스룸' 다음으로 높은 시청률을 기록하면서 당일 다른 종편과 tvN 등에서 방송하는 모든 비지상파 프로그램을 꺾고 비지상파 시청률 순위 2위를 차지하기도 했다.

  이날 '연애의 맛'에서 이필모 서수연 커플의 풀 사랑스토리가 공개되었는데 최고 1분 시청률은 이필모가 자신보다 한참 나이가 어린 서수연 친오빠를 손위 처남으로 만나는 장면으로 4.9%까지 상승했다.

여성 자연인에 대한 높은 관심

도시를 떠나 자연으로 돌아가 산에서 혼자 살아보는 것은 도시에서 살고 있는 많은 사람들이 가진 로망이다. 하지만 선뜻 그렇게 결정할 용기가 없어 그냥 로망으로만 간직하고 살아가는 사람들이 많다.

MBN '나는 자연인이다'는 초창기 방송에서는 인지도가 낮아 시청률도 낮았지만 점점 시간이 가면서 MBN 효자 인기 프로그램으로 자리 잡았다.

2018년도 '나는 자연인이다' 방송에서는 남성 출연자 외에도 여성 자연인이 출연했다. 남자도 아닌 여자가 혼자 산에서 산다는 자체에 시청자들이 많은 호기심으로 반응했다. 결과 여성 자연인이 출연할 때마다 '나는 자연인이다' 시청률이 상승했다. 혼자 산에서 사는 여성 자연인을 보면서 시청자들은 자연에서의 도전을 꿈꾸며 이에 대한 더 많은 용기를 얻었을지도 모른다.

나는 자연인이다, 여자 자연인 출연하자
시청률 8주 만에 최고로 상승

MBN 대표 프로그램 '나는 자연인이다'가 그동안 남자 자연인을 중심으로 방송 하다가 2018년 8월 29일 여자 자연인 특집으로 방송하자 시청자들의 큰 관심과 함께 당일 방송한 모든 종편 프로그램을 제치고 가장 높은 시청률로 종편 시청률 1위를 차지했다.

TNMS 미디어 데이터에 따르면 이날 '나는 자연인이다' 시청률(유료가입)은 전국 6.3%를 기록하면서 한 주 전 5.0%보다 1.3% 포인트 상승했을 뿐만 아니라 지난 2018년 7월 4일 방송 이후 8주 만에 가장 높은 시청률을 기록했다.

주인공 12년 차 베테랑 자연인 들꽃여인 박경숙 씨 첫 인상은 천상여자였다. 하지만 여자임에도 베테랑 자연인답게 도끼질도 잘해 시청자들을 놀라게 했다. 꽃차를 즐길 수 있게 만든 찻방에서 그녀가 만든 특급 비목나무 이파리 천연음료 레시피도 공개되었다. 이날 '나는 자연인이다'는 50대 여자가 가장 많이 시청해 시청률 6.6%를 기록했으며 그다음 60대 여자가 6.4%를 기록하며 뒤를 이어 많이 시청했다.

여성 자연인 출연 때마다 시청률 크게 상승
팍팍한 삶 속에서 탈출하고 싶은 시청자들

여성 혼자 자연을 찾아 홀로 산속에서 사는 것이 쉽지도 않고 흔하지도 않은 현실에서 MBN 대표 프로그램 '나는 자연인이다'가 2018년 10월 10일 방송에서 용기 있는 여자 자연인 김영숙씨의 행복한 산 속 자연인 생활을 다루자 시청률이 크게 상승하며 당일 종편 시청률 1위 그리고 비지상파 전체 1위를 차지했다.

TNMS 미디어 데이터에 따르면 이날 '나는 자연인이다' 시청률(유료가입)은 6.2%로 한 주 전 4.9%보다 1.3% 포인트 상승했다. 지난 2018년 8월 29일 여성 자연인 박경숙 편 방송 당시에도 한 주 전 시청률 5.0%보다 1.3% 포인트 상승했을 뿐만 아니라 8주 만에 가장 높은 시청률을 기록해 눈길을 끌었다.

팍팍한 삶 속에서 시청자들이 홀로 산속에서 자연과 함께 살고 있는 여성 자연인의 삶에 큰 관심을 보인 것이다. 이날 '나는 자연인이다'는 여자 50대가 가장 많이 시청해 여자 50대 시청률이 6.6%까지 상승했으며 그다음 여자 60대가 많이 시청해 시청률 6.4%를 기록했다.

당당함의 매력

　일반적으로 외모가 여성 매력의 중요한 부분이라고 생각하지만 시청 데이터를 살펴보면 시청자들은 단지 예쁜 외모의 여성들에게만 매력을 느끼는 것은 아님을 알 수 있다. 이영자가 수영복을 입고 '밥블레스유'에 출연했을 때도 시청자들은 그녀의 당당함에 채널을 고정했고 가수 홍진영의 언니 홍선영이 다소 몸무게가 많이 나가는 몸매에도 불구하고 연예인 동생과 함께 비교 콤플렉스에 빠지지 않고 '미운 우리 새끼'에 출연할 때에도 채널을 돌리지 않고 그녀의 당당함에 박수를 보냈다. 만약 시청자들이 이들의 몸매를 희화했다면 그녀들이 TV에 나올 때 시청률이 상승될 수 없다.

　자신의 단점을 감추지 않고 부끄러워하지 않는 당당함이 훌륭한 미모 이상으로 시청자들에게 매력으로 다가오고 있다.

밥블레스유 이영자 당당한 수영복 모습
시청률 상승 특히 30대 여자가 많이 시청

올리브 채널에서 방송된 '밥블레스유'에서 2018년 8월 9일 이영자가 당당하게 수영복 모습을 보이자 시청률도 상승했다.

TNMS 미디어 데이터에 따르면 이날 '밥블레스유' 시청률은 1.0%를 기록하면서 한 주 전 시청률(유료가입) 0.6%보다 0.4% 포인트 상승했을 뿐만 아니라 지금까지 8회 방송 동안 가장 높은 시청률을 기록하며 시청률 1%대를 돌파했다.

이날 이영자는 4인방 출연자들과 가평 단합대회를 가졌는데 여기서 주위를 의식하지 않고 당당하게 자신의 몸매를 드러내는 수영복으로 물놀이를 즐겼다. 최화정 역시 환갑이 가까운 나이에도 붉은색 수영복과 함께 나이를 잊은 물놀이로 즐거워했다. 송은이와 김숙은 이런 언니들 당당한 모습에 감탄하면서 연신 박수를 보냈다. 시청자들도 이영자 최화정의 긍정적인 모습을 응원하면서 채널을 고정했다.

이날 '밥블레스유'는 이영자의 당당한 모습에 반한 30대 여자들이 가장 많이 시청해 30대 여자 시청률이 1.7%까지 상승했다.

홍진영 엄마 합세 약 6개월 만에
미우새 최고 시청률 기록
최고 1분 시청률 주인공도 홍진영 엄마 차지

홍진영 엄마가 SBS '미운 우리 새끼'에 김건모, 박수홍, 김종국, 토니안 엄마들과 나란히 함께 앉아 '미운 우리 새끼' 시청자들에게 첫인사를 하면서 시청률 상승에 견인차 역할을 톡톡히 했다.

TNMS 미디어 데이터에 따르면 2018년 12월 23일 '미운 우리 새끼' 전국 시청률은 1부 16.4%, 2부 22.1%로 1부, 2부 평균 시청률 19.2%를 기록하면서 동시간대 1위와 함께 지난 2018년 7월 1일 이후 6개월 만에 가장 높은 '미운 우리 새끼' 최고 시청률을 기록했다.

이날 최고 1분 시청률 주인공도 홍진영 엄마가 차지했는데 홍진영과 언니 홍선영의 먹방 실력을 보고 홍진영 엄마가 저렇게 많이 먹는 줄 몰랐다며 "환장하겠네"라고 하자 스튜디오가 웃음바다가 되며 시청률이 24.9%까지 상승했다

홍진영 자매 미운 우리 새끼 시청률 효녀

SBS '미운 우리 새끼'가 12월 30일 2018년도 마지막 방송을 시청률 대박으로 마무리 했다. TNMS 미디어 데이터에 따르면 이날 '미운 우리 새끼' 전국 시청률은 21.1% (1부 18.3%, 2부 24.1%)를 기록했는데 수도권 시청률은 이보다 높은 23.8%를 기록했다.

이날 시청률은 전국 기준으로는 2018년 '미운 우리 새끼' 방송 전체 중 지난 2018년 6월 24일 방송 시청률 21.5%에 이어 두 번째로 높은 시청률이고 수도권 기준으로는 2018년 '미운 우리 새끼' 방송 중 가장 높은 시청률이다.

이날도 한 주 전에 이어 최고 1분 시청률 주인공은 홍자매 패밀리가 차지했는데 홍자매가 PC방에서 홍진영이가 마시던 탄산음료를 언니가 다급하게 빼앗아가는 과정에서 결국 언니 홍선영 몸무게로 의자가 넘어가자 스튜디오를 폭소케 해 전국 시청률 26.8%를 기록했다.

'미운 우리 새끼' 2부는 이날 동시간대 1위를 차지하면서 10대부터 40대까지 각 연령대별 시청률 1위를 휩쓸기도 했다.

의미와 감동의 트렌드 파워

　시청자들은 내용이 감동적일 때 채널을 돌리지 않고 더 많이 집중하며 시청한다. 일반적으로 많은 사람들이 폭력이나 선정적인 내용을 시청자들이 더 좋아한다고 생각하지만 실상은 방송내용이 뭉클하거나 역사적 의미가 있을 경우 시청률이 상승하는 예가 많다. 여기 이러한 경우를 정리해본다. 방송 관련자들에게 시청자들의 시청 동기와 시청 심리에 대한 바른 이해가 확산되기를 바란다.

대성동 자유의 마을 방문 1박 2일 시즌3
9주 만에 자체 최고 시청률

6.25를 하루 앞두고 2018년 6월 24일 KBS2 '1박 2일 시즌3'에서 비무장지대에 있는 대성동 마을을 방문하면서 시청자들에게 감동을 선사했다. 이날 시청자들의 높은 관심과 함께 TNMS 기준으로 전국 시청률 13.8%까지 상승했다. 지난 2018년 4월 22일 방송된 '1박 2일 시즌3' 533회 전국 시청률 14.9% 이후 9주 만에 가장 높은 시청률이다.

대성동 자유의 마을은 군사 분계선 남측 비무장지대의 유일한 민간인 마을로써 외부인 출입이 철저하게 통제된 곳이다. 이날 '1박 2일' 멤버들은 전교생 30명의 대성동 초등학교에서 일일교사 체험을 하고 또 대성동 마을회관에서 주민들과 대화를 나누면서 어느 농촌과 다름이 없는 대성동 마을의 풍광을 시청자들에게 전했다.

판문점 찾은 예능 프로그램 1박 2일 시즌3
15주 만에 가장 높은 시청률 기록

예능 프로그램으로서는 처음으로 판문점을 찾은 KBS2 '1박 2일 시즌3'는 뉴스를 통해 판문점을 접해 보는 대부분의 시청자들에게 뉴스에서와 다른 판문점 느낌으로 또 다른 한반도 분단의 의미를 느끼게 했다.

TNMS 미디어 데이터에 따르면 2018년 7월 1일 방송된 '1박 2일' 전국 시청률은 전국 15.3%를 기록하면서 한 주 전보다 1.5% 포인트 상승했다. 지난 2018년 3월 18일 '1박 2일'이 전국 시청률 15.4%를 기록한 이후 15주 만에 가장 높은 자체 최고 시청률을 기록한 것이다.

이날 가장 높았던 최고 1분 시청률은 멤버들이 돌아오지 않는 다리 앞에서 군사 분계선을 통해 포로들이 왔다 갔다 했다는 설명을 들으면서 남북현실 앞에서 숙연해지는 장면으로 시청률이 19.9%까지 상승했다.

수미네 반찬 독거노인 위한
특급 선행 시청자 감동 시청률 상승

tvN '수미네 반찬' 2018년 12월 5일 방송에서 김수미가 독거노인을 위한 김장 2천 포기 특급 선행에 도전하면서 시청자들에게 감동을 안겨주자 시청률도 상승했다.

TNMS 미디어 데이터에 따르면 이날 '수미네 반찬' 시청률(유료가입)은 전국 4.7%였으며 수도권 시청률은 전국보다 더 높은 6.1%를 기록했다. 전국과 수도권 모두 지난 2018년 9월 19일 이후 약 3개월 만에 '수미네 반찬' 시청률 중 가장 높은 시청률을 기록했다.

요리프로, 요리에 관심 높아

2018년 요리프로그램에는 전문 셰프가 아닌 요리를 잘 하는 연예인이 출연해 요리를 진행하는 프로그램까지 생길 정도로 요리 프로그램 자체에 좀 더 다양한 시각이 접목되었다. 그렇다면 tvN '수미네 반찬'처럼 이런 요리 프로그램을 시청할 때 시청자들은 예능 프로그램으로 더 관심이 있을까 아니면 요리 프로그램으로 더 관심이 있을까?

시청 데이터를 분석해보면 예능 요리프로그램이라 하더라도 시청자들은 요리를 배우는데 관심이 매우 크다는 것을 발견 할 수 있다. tvN '수미네 반찬'에서 추석을 앞두고 간단 추석 음식을 소개할 때 시청률이 상승했고 또 말복을 앞두고 간단하게 만들 수 있는 보양식을 소개할 때 시청률이 상승했다.

수미네 반찬 일본 영업 성공했지만 시청률은 오히려 하락 요리과정 내용이 더 관심 있는 40대~ 50대 여자 이탈

'수미네 반찬'이 2018년 9월 5일 방송에서 일본에 거주하는 교포 및 유학생을 대상으로 봉사 차원의 영업을 개시하자 뜨거운 반응과 함께 영업에 성공했다. 하지만 시청률은 오히려 하락했다. '수미네 반찬'이 평소 방송에서는 요리과정을 중심으로 방송하다가 이날은 평소와 달리 요리과정 설명보다는 일본에서 수미네 반찬팀들이 벌인 봉사 차원이지만 영업적인 이야기로 전환되면서 요리과정을 배우려고 평소 '수미네 반찬'을 즐겨 시청하던 주부 시청자들이 이탈했다.

TNMS 미디어 데이터에 따르면 이날 '수미네 반찬' 시청률(유료가입)은 전국 4.0%로 지난 주 5.0%보다 1.0% 포인트 하락했다. 수도권에서도 한 주 전 시청률 6.0%에서 4.9%로 1.1% 포인트 하락했다. 이는 지난 2018년 8월 8일 이후 4주 만에 '수미네 반찬' 최저 시청률이다. 이날 시청률 하락폭은 평소 '수미네 반찬'을 즐겨 시청하는 40대 여자와 50대 여자 시청자 층에서 주로 일어났는데 40대 여자 시청률은 지난 주 6.2%에서 4.4%로 1.8% 포인트 크게 하락했고 50대 여자는 지난 주 5.0%에서 이날 3.7%로 1.3% 포인트 하락했다.

수미네 반찬 추석 준비 시청률 껑충
주부들 마음 사로잡으며 첫 6%대 돌파

tvN '수미네 반찬'이 몇 주간 일본에서 교포들을 위해 마련했던 수미네 반찬 가게를 정리하고 2018년 9월 19일 다시 스튜디오로 복귀했다. 지난 몇 주 동안 일본 중심 이야기에서 이날 다시 요리과정 중심으로 방송 내용이 전환 되자 시청률이 6%대로 껑충 상승했다. TNMS 미디어 데이터에 따르면 이날 2018년 9월 19일 '수미네 반찬' 시청률(유료가입)은 지난 주 4.8%에서 이날 6.3%로 무려 1.5% 포인트 상승했다. '수미네 반찬' 시청률이 6%대를 돌파한 것은 지난 2018년 6월 6일 '수미네 반찬' 첫 방송 이후 이번이 처음이다.

이날 '수미네 반찬'에서는 추석 음식 준비로 스트레스를 받는 주부들을 위해 김수미 표 갈비찜, 잡채, 모둠 전이 소개되었는데 주부들의 마음을 사로잡아 40대 여자 시청률이 6.5%로 가장 높았으며 그다음 50대 여자가 많이 시청해 시청률 6.1%를 기록했다.

말복 보양음식 요리법 공개하자
수미네 반찬 첫 5%대 돌파

말복 보양음식으로 닭볶음탕 요리법을 공개하자 tvN '수미네 반찬'이 2018년 8월 15일 방송에서 첫 5%대를 돌파하며 시청률이 크게 상승했다.

TNMS 미디어 데이터에 따르면 '수미네 반찬' 시청률(유료가입)은 전국 5.1%, 수도권에서는 5.6%까지 상승했다. 한 주 전 전국 시청률 3.4%, 수도권 4.1%보다 각각 1.7%, 포인트 1.5% 포인트 상승했다.

출연자들이 완성된 닭볶음탕을 맛보고 감탄사를 연발하자 김수미는 촬영을 하고 있던 스태프까지 초대해서 맛있는 음식을 선사했다.

2018년 수미네 반찬 최고
시청률은 추석맞이 초간단 갈비

tvN '수미네 반찬' 2018년 12월 26일 방송에 박나래가 게스트로 출연하고 연말특집으로 그동안 수미네 반찬에서 만든 음식 중 최고 조회수를 기록한 반찬들을 다시 공개했다. 하지만 시청률은 소폭 상승으로 그쳤다.

이날 '수미네 반찬' 시청률(TNMS, 전국)은 4.5%로 한 주 전보다 0.2% 포인트 상승했다.

2018년 한 해 동안 '수미네 반찬' 최고 시청률은 추석을 일주일 앞두고 지난 2018년 9월 19일 방송에서 추석맞이 간단 명절음식 초간단 갈비찜을 선보일 때로 당시 시청률이 6.3%까지 상승했다.

시상식 관심 저조

연말이 되면 각종 시상식들이 방송을 탄다. 하지만 시청자들은 시상식 방송에 대체적으로 큰 관심을 보이지 않았다. 상에 대한 가치가 예전 같지 않을 수도 있지만 시상식 방송 내용 자체가 흥미를 끌 만한 내용으로 준비되지 않아 그럴 수도 있겠다.

백상예술대상 최고 1분 시청률 주인공
조승우 차지

JTBC에서 2018년 5월 3일 저녁 생중계 방송한 '제54회 백상예술대상' 시상식은 시청자들로부터 큰 관심을 받지 못했다.

TNMS 미디어 데이터에 따르면 이날 '백상예술대상' 시청률(유료가입)은 1부 2.9%, 2부 3.0%로 이날 종편 시청률 순위 6위와 5위에 그쳤다. 채널 A '도시어부' 시청률 3.8%보다 낮았고 MBN '사건반장' 3.0%보다 낮았다.

이번 '백상예술대상' 시상식의 최고 1분 시청률 주인공은 조승우가 차지했는데 조승우가 TV부문 남자최우수 연기상을 수상할 때 시청률은 3.5%를 기록했다.

대종상 영화제 시상식 중계
시청자 반응 뜨겁지 않아

TV조선에서 2017년에 이어 2018년에도 대종상 영화제 시상식을 2018년 10월 22일 생중계 방송했지만 대종상 영화제에 대한 시청자들의 반응은 뜨겁지 않아 1부, 2부 시청률이 1%대 전후에 그쳤다.

TNMS 미디어 데이터에 따르면 이날 대종상 영화제 시상식 시청률(유료가입)은 남녀 신인상, 조연상, 신인 감독상, 미술상, 의상상, 편집상 시상식이 있은 1부 시청률이 0.9%, 남녀 주연상과 감독상, 특별상 그리고 최우수 작품상등 주요 시상식이 있은 2부 시청률이 1.3%를 기록했다. 이날 시상식 중 최고 1분 시청률은 최우수 작품상으로 '버닝'이 발표되는 순간으로 시청률은 2.1%를 기록했다.

MBC 연기대상 발표 시청자 관심 뜨겁지 않았다

‘MBC 연기대상’이 2018년 마지막 날을 앞두고 2018년 12월 30일 방송되었지만 시청자 관심은 뜨겁지 않았다.

TNMS 미디어 데이터에 따르면 ‘MBC 연기대상’ 전국 시청률은 1부 8.1%, 2부 10.1%를 기록했는데 하루 전날 12월 29일 방송된 ‘MBC 방송연예대상’ 시청률 1부 13.9%, 2부 16.1%보다 낮았다. 또 비슷한 시간에 방송한 SBS ‘미운 우리 새끼’ 시청률보다 낮았다. 이날 ‘미운 우리 새끼’ 1부 시청률은 18.3%, 2부 24.1%였다.

이날 MBC ‘연기대상’ 최고 1분 시청률은 월화 미니시리즈 남자 우수연기상 우도환, 여자 우수연기상 문가영을 발표하는 순간으로 전국 시청률 14.6%였다.

사건, 다른 생각 다른 반응

정치나 사회 사건관련 어떤 이슈가 터지면 시사 보도 프로그램에서는 이를 앞 다투어 다루게 된다.

2018년에도 주요한 정치 사회 사건 이슈가 터졌지만 시청자들은 때론 깊은 침묵과 함께 TV를 통해 이들 사건을 묵묵히 지켜보았다. 방관하는 대중 같지만 사실은 사건의 전후를 깊이 관찰하기도 한다. TV 앞에서 침묵하는 것 같지만 시청자들은 반사적으로 채널을 돌리면서 자신들의 생각을 피력한다. 이들이 돌리는 채널 속에 민심이 있을 수 있다.

드루킹 사건으로 고 노회찬 위원의 계좌 추적이 시작되었지만 그가 출연하던 JTBC '썰전' 시청률은 당시 하락하지 않았다. 맛 칼럼리스트 황교익이 연이어 백종원 때리기를 해 논란이 이어져도 SBS '백종원의 골목식당' 시청률은 오히려 상승했다.

드루킹 노회찬 계좌추적 시작 불구
노회찬 출연 썰전 시청률 상승

드루킹 특검팀이 2018년 7월 11일 김경수 경남도지사와 노회찬 정의당 원내대표에 대한 계좌추적에 착수했다는 보도가 나왔다. 하지만 이튿날 2018년 7월 12일 방송된 JTBC '썰전' 시청률은 이런 보도에 영향을 받지 않고 오히려 상승했다. 당시 '썰전'에는 노회찬 대표가 한 주 전부터 유시민 작가 하차 후 새로운 진보 논객으로 출연하고 있었다.

TNMS 미디어 데이터에 따르면 이날 '썰전' 시청률(유료가입)은 전국 3.9%, 수도권 4.2%를 기록하면서 한 주 전 전국 시청률 3.4%, 수도권 시청률 3.5%보다 각각 0.5% 포인트, 0.7% 포인트 상승했다. 이날 '썰전'은 남자 40대가 가장 많이 시청해 시청률 3.1%를 기록했으며 그다음 50대 남자가 시청률 3.0%를 기록하며 그 뒤를 이었다.

황교익 논란에도 백종원의 골목식당,
시청률 오히려 상승

2018년 10월 2일 맛 칼럼니스트 황교익은 '백종원의 골목식당'에서 방송된 막걸리 테스트가 조작되었다는 주장과 함께 백종원과 '백종원의 골목식당' 프로그램을 자신의 SNS를 통해 신랄하게 비평했다. 이후 황교익의 백종원 비판은 단발성으로 끝나지 않고 끈질기게 이어졌다. 하지만 황교익의 부정적 비평에도 불구하고 '백종원의 골목식당' 시청자들은 이탈하지 않고 오히려 시청률이 상승했다. 이 프로그램에 대해 시청자들과 황교익의 생각은 다르다는 것을 보여주었다.

2018년 10월 2일 황교익의 '백종원의 골목식당' 공개 비판 이후 첫 방송 2018년 10월 10일 '백종원의 골목식당' 시청률은 4.4%, 이후 10월 17일 시청률은 4.6%, 10월 25일 시청률은 4.8%로 연속 상승했다. '백종원의 골목식당'을 시청하는 시청자들에게는 황교익의 비판이 큰 영향을 미치지 못하고 있음을 알 수 있다.

TV에서 영화 트렌드

2018년 한 해 동안 TV에서는 어떤 영화가 인기가 있었을까?
영화관에서 관객 수가 많았던 영화가 TV에서도 인기가 높을까?
영화관에서 인기가 있었던 영화가 TV에 방송되었을 때도 인기를
그대로 유지할까? 등이 궁금할 수 있다.

2018년에도 추석연휴를 비롯해서 영화가 틈틈이 방송을 탔다. 결
과 영화 시청률 순위가 영화관 관객 동원 수와 대체로 비례해 눈길
을 끌었다. 뿐만 아니라
영화관에서처럼 TV에서
도 한국 영화가 큰 인기를
끄는 특색을 보였다.

서울시장 선거판을 다룬 영화 '특별시민'
지방선거 앞두고 시청자 큰 관심 보여

KBS2에서 시청률이 부진했던 '라디오 로맨스'가 종방하고 새로운 월화드라마 '우리가 만난 기적'이 첫 방송을 시작하기 전 숨 고르기로 2018년 3월 27일 영화 '특별시민'을 방송했다.

TNMS 미디어 데이터에 따르면 이날 영화 '특별시민'은 일명 땜빵 편성이라고 볼 수 있음에도 불구하고 전국 가구 시청률 5.8%를 기록하면서 동시간대 MBC 월화드라마 '위대한 유혹자' 시청률 11회 3.5%와 12회 3.9%를 훌쩍 넘었다.

박인제 감독, 최민식, 곽도원, 심은경 주연의 '특별시민'은 이날 시청자 수로는 안방극장에서 146만 명이 시청한 것으로 집계되어 2018년 4월 26일 개봉했을 때 136만 명이 관람한 극장 '특별시민' 관객 수보다 많았다.

영화 방송 며칠 전인 2018년 3월 23일 서울시장을 역임한 이명박 전 대통령이 구속되고 6월 13일 지방선거를 앞두면서 서울시장의 선거판을 다룬 영화가 시청자들의 큰 관심을 끈 것으로 보인다.

추석연휴 TV 브라운관 한국영화 압도적으로 인기

이번 추석연휴 동안 주요 채널에서는 앞 다투어 그동안 극장가에서 인기가 높았던 영화를 방송하면서 시청자들의 큰 관심을 받았다. TNMS 미디어 데이터에 따르면 2018S년 9월 22일부터 9월 26일 추석연휴 기간 동안 지상파, 종편 그리고 tvN 총 8개 채널에서 무려 32개 영화 특집 방송을 했다. 그중 시청률 TOP 5위 안에 모두 한국 영화가 차지해 눈길을 끌었다. 영화관에서뿐만 아니라 TV 수상기를 통해서도 한국 영화의 인기와 경쟁력을 입증한 것이다.

추석연휴 기간 동안 가장 시청률이 높았던 영화는 '신과 함께- 죄와 벌'로 SBS에서 2018년 9월 26일 방송했는데 전국 가구 시청률 11.8%를 차지했다. 2017년 12월 20일 개봉한 '신과 함께- 죄와 벌'은 하정우, 차태현 출연으로 1,441만 명 관객을 동원한 바 있다. 그다음 시청률 2위는 2017년 8월 9일 개봉한 '청년경찰'로 추석연휴 동안 역시 SBS에서 방송했고 전국 가구 시청률은 9.2%였다. 영화관에서는 565만 관객 동원 기록을 갖고 있다. 추석연휴 영화 특집 시청률 3위는 '군함도'로 MBC에서 방송했는데 시청률 8.3%를 기록했다. 그다음 4위 '아이 캔 스피크' 6.7%, 5위 '리틀 포레스트' 5.8%가 그 뒤를 이었다. 군함도와 아이 캔 스피크는 각각 659만과 328만 관객 동원 기록을 갖고 있고 '리틀 포레스트'는 151만 관객 동원 기록을 갖고 있다.

1위에서 5위까지 시청률 순위가 각 영화 관객동원 수와 비례해 이채롭다. 외화 중 가장 시청률이 높았던 '트랜스포머-최후의 기사(KBS2, 2018년 9월 25일 방송)'는 시청률 5.4%를 기록하면서 전체 6위를 차지했다. '트랜스포머-최후의 기사'는 261만 명 관객 동원을 한 바 있다.

< 2018년 추석연휴 영화 시청률 순위-TNMS>

시청률 순위	영화	방송 날짜	채널	방송시간	전국 가구 시청률	관객수	개봉일
1	신과 함께-죄와 벌	09월 26일	SBS	20:43~22:58	11.8	1,441만	2017.12.20
2	청년경찰	09월 25일	SBS	20:48~22:35	9.2	565만	2017.08.09
3	군함도	09월 24일	MBC	20:41~22:51	8.3	659만	2017.07.26
4	아이 캔 스피크	09월 24일	SBS	20:44~22:40	6.7	328만	2017.09.21
5	리틀포레스트	09월 22일	SBS	21:36~23:18	5.8	151만	2018.02.28

신과 함께 추석연휴 안방극장도 석권
30대, 40대 특히 많이 시청

2017년 12월 20일 개봉한 후 2018년 첫 천만 돌파 영화로 기록을 세운 김용화 감독의 인기 영화 '신과 함께- 죄와 벌' 편이 추석연휴 마지막 날 SBS를 통해 방송되자 30대와 40대 연령층 시청자들 사랑을 크게 받으며 영화관에서 보여주었던 높은 인기를 안방극장에서도 여과 없이 보여주었다.

TNMS 미디어 데이터에 따르면 2018년 9월 26일 SBS를 통해 저녁 20시 43분부터 방송된 '신과 함께- 죄와 벌'은 전국 가구 시청률 11.8%를 기록했다. 동시간대 KBS2 '살림하는 남자들' 시청률 9.6%, MBC '무지개 라이브' 5.0%, 종편 1위 MBN '나는 자연인이다' 시청률 4.0 %, tvN '엄마 나왔어' 2.9%를 제치고 동시간대 1위를 차지했다.

이날 '신과 함께- 죄와 벌'은 30대와 40대 각 연령대별 시청률 순위에서 전체 1위를 휩쓸었다. 30대 시청률은 7.6%, 40대 시청률은 11.8%를 기록했다.

편성 실력과 시청률

　시청률을 높이기 위해서는 출연자, 작가, 카메라 등 여러 주요 제작 요인들이 복합적으로 작용해야 하지만 방송을 하는 요일과 시간대, 프로그램 길이를 전략적으로 잘 기획하는 편성 또한 매우 중요하다.

　예전에 비해 편성에 대한 관념이 유연해지면서 비지상파 뿐만 아니라 지상파에서도 이미 정해진 요일과 시간대를 갑자기 다른 요일과 시간대로 배치해 방송하는 일이 종종 발생하고 있다.

　같은 포맷, 같은 출연진, 같은 프로그램임에도 불구하고 시간대를 옮기면서 시청률 상승에 성공한 경우와 또 반대로 시청률이 하락한 경우들이 있다. 요일과 시간대를 옮기면서 시청률이 하락한 대표적인 프로그램 중 하나가 JTBC '썰전'이다. 목요일 밤에서 일요일 밤 시간대로 '썰전'이 이동하면서 시청률이 크게 하락했다. 월요일 출근을 앞두고 일요일 밤 늦은 시간대 심각한 정치 시사 경제 사회 이야기를 피하고 싶어 하는 시청자 심리를 이해하지 못한 결과이다,

이와 반대로 요일과 시간대를 옮기면서 시청률이 상승한 대표적인 프로그램이 있다. 바로 SBS '백종원의 골목식당'이다. 기존 금요일 23시 30분 방송 시간대에서 MBC '라디오스타'가 방송하는 수요일 23시 10분으로 방송 시간대를 옮긴 후 3개월도 되지 않아 MBC 간판 프로그램 '라디오스타'를 꺾기 시작했다.

썰전 시간대 잘못 옮겨 시청률 연속 하락하나
34개월 만에 썰전 최저 시청률 기록

JTBC '썰전'이 2018년 10월 21일부터 종전의 목요일 밤 11시대에서 일요일 밤 9시대로 방송 시간대를 옮기자 시청률이 연속 하락하며 고전을 면치 못하고 있다.

TNMS 미디어 데이터에 따르면 2018년 10월 21일 '썰전'이 시간대를 옮기자 시청률(유료가입)은 2.7%를 기록하면서 시간대를 옮기기 한 주 전 시청률 3.0%보다 하락했다. 이후 그 다음 주 10월 28일 방송에서도 '썰전' 시청률이 또 다시 하락해 시청률 2.0%를 기록했다. '썰전' 시청률 2.0%는 2016년 1월 7일 148회에서 시청률 2.1%를 기록한 이후 약 34개월 140회 만에 최저 시청률이다.

백종원의 골목식당 처음으로 라스를 이기며 동시간대 1위 맞짱 편성 후 첫 승리

SBS '백종원의 골목식당'이 2018년 11월 7일 방송에서 동시간대 MBC '라디오스타'를 처음 이기며 동시간대 1위를 차지하는 쾌거를 올렸다.

SBS '백종원의 골목식당'은 지난 2018년 8월 29일 기존 금요일 23시 30분 방송 시간대에서 MBC '라디오스타'가 방송하는 수요일 23시 10분으로 시간대를 옮겼다.

이날 SBS '백종원의 골목식당' 포방터시장 편은 TNMS 전국 시청률 5.8%(1부 5.5%, 2부 6.2%)를 기록하면서 MBC '라디오스타' 시청률 3.8%를 꺾었다. 동시간대 'KBS 뉴스라인' 시청률은 4.3%, '오늘밤 김제동' 2.1%, '옥탑방의 문제아들' 시청률은 2.2%(1부 2.5%, 2부 1.8%)로 모두 '백종원의 골목식당'보다 낮았다.

백종원의 골목식당 다시 한 번 라스 이기며 동시간대 1위 맞짱 편성 후 두 번째 승리

SBS '백종원의 골목식당'이 한 주 전 방송에 이어 2018년 11월 14일 방송에서 다시 한 번 동시간대 MBC '라디오스타'를 이기며 동시간대 1위를 차지했다.

TNMS 미디어 데이터에 따르면 지난 2018년 8월 29일 '백종원의 골목식당'이 기존 금요일 23시 30분 방송 시간대에서 MBC '라디오스타'가 방송하는 수요일 23시 10분으로 시간대를 옮긴 후 연이어 두 번째 승리이다.

이날 '백종원의 골목식당' 전국 시청률은 5.9%(1부 5.8%, 2부 6.0%)였으며 '라디오스타' 시청률은 4.3%(1부 4.2%, 2부 4.3%)로 '백종원의 골목식당'이 '라디오스타'를 1.6% 포인트 앞섰다. 또 '백종원의 골목식당'은 동시간대 종편 인기 예능 JTBC '한끼 줍쇼' 시청률도 꺾었는데 이날 '한끼 줍쇼' 유료가입 시청률은 3.2%였으며 지상파처럼 비유료가입까지 모두 포함했을 때 시청률은 3.1%로 '백종원의 골목식당'보다 2.8% 포인트 낮았다.

백종원의 골목식당 부부 맞불 시청률
소유진 라스 출연, 백종원 승리

SBS '백종원의 골목식당'이 2018년 11월 7일 이후 연속 3주 MBC '라디오스타' 시청률을 재패했다. 이날 MBC '라디오스타'에 백종원의 아내 소유진이 출연하여 부부간에 맞불 시청률 경쟁을 벌였지만 승자는 '백종원의 골목식당' 백종원이 차지했다.

TNMS 미디어 데이터에 따르면 이날 '백종원의 골목식당' 전국 시청률은 1부 7.3% 였고, 동시간대 MBC '라디오스타' 시청률은 4.3%로 무려 3.0% 포인트 격차를 보였다. 또 '백종원의 골목식당' 2부 시청률은 7.2%를 기록하면서 동시간대 '라디오스타' 2부 시청률 4.6%와 2.6% 포인트 격차를 보였다.

지난 2018년 8월 29일 '백종원의 골목식당'이 기존 금요일 23시 30분 방송 시간대에서 MBC '라디오스타'가 방송하는 수요일 23시 10분으로 시간대를 옮긴 후 이날 연이어 4주째 '라디오스타'를 제패하면서 수요일 동시간대 예능 1위 자리를 굳히고 있다.

시간대 변경 황금빛 내 인생과 미우새 시청률 하락

TNMS(전국 3,200가구, 9천 명) 미디어 데이터에 따르면 '평창 올림픽 경기 중계' 방송으로 평소 정규 방송시간 저녁 8시 대보다 2시간 늦게 방송한 KBS2 '황금빛 내 인생' 2018년 2월 18일 전국 가구 시청률은 35.1%를 기록하면서 한 주전 같은 요일 2018년 2월 11일 정규 시간대에 방송한 시청률 39.9%보다 4.8% 포인트 하락했다.

SBS '미운 우리 새끼' 역시 '평창 올림픽 경기 중계' 방송으로 평소 정규 방송시간 저녁 9시보다 늦은 저녁 10시 55분부터 방송하자 시청률이 하락했다. 이날 '미운 우리 새끼'는 한 주 전 시청률 1부 13.6%, 2부 18.7%보다 각각 3.7%, 8.7% 포인트 크게 하락하면서 1부 시청률 9.9%, 2부 시청률 10.0%를 기록했다.

같은 프로그램이라 할지라도 방송 시간대 변경이 주는 엄청난 영향력을 알 수 있다.

시청 타겟 성공 프로그램

프로그램을 기획할 때 제작진들은 자신들이 만들고자 하는 프로그램이 어떤 시청자들을 주 대상으로 하는지 시청자 목표를 설정한다. 이것을 시청 타겟이라고 부른다. 방송이 시작되면 어떤 프로그램은 기획의도에 맞는 시청자들을 흡수하는데 성공하지만 어떤 프로그램들은 프로그램 기획의도와 전혀 다른 시청자들만 TV 앞에 모이게 해 사실상 타겟 시청자 목표에 실패하는 경우가 있다.

어떤 프로그램들이 타겟에 성공하고 어떤 프로그램들이 타겟을 빗겨가는 프로그램을 만들었을까? 2018년 방송된 프로그램 중 타겟 성공과 실패가 뚜렷이 나타나는 프로그램들을 정리해보았다.

걸그룹, 아는 형님 출연
10대 남자 20대 남자 시청률 많이 상승

AOA 설현과 지민 그리고 설현 절친 개그우먼 김신영이 2018년 6월 2일 함께 '아는 형님'에 출연하자 '아는 형님' 시청률이 7주 만에 자체 최고 시청률을 기록, 당일 비지상파 1위를 차지했다.

TNMS 미디어 데이터에 따르면 이날 '아는 형님' 시청률(이하 유료가입)은 7.1%로 한 주 전 6.0%보다 1.1% 포인트 크게 상승했다.

이날 시청률이 가장 많이 상승한 성 연령대는 10대 남자였다. 걸그룹 AOA 출연과 함께 10대 남자가 전주 대비 1.9% 포인트로 가장 많이 상승하였고, 그다음 20대 남자가 1.4% 포인트 많이 상승하여 눈길을 끌었다.

KBS 어린이 TV 프로그램
60세 이상 노년층 시청률이 가장 높아

2018년 5월 5일 어린이날을 앞두고 KBS에서 방송하는 어린이들 대상 프로그램을 분석한 결과 정작 실제 어린이들은 어린이 프로그램을 시청하지 않고 60세 이상 노년층이 주로 시청하는 것으로 나타났다.

전국 3,200가구, 9천 명 표본을 대상으로 집계한 TNMS 시청자 분석에 따르면 2018년 5월 3일 방송한 KBS2 '누가누가 잘하나'는 60대 이상 할머니 할아버지 시청률이 0.4%로 가장 높았고 정작 '누가누가 잘하나' 어린이 프로그램을 시청해야 할 어린이 시청률은 0.2%에 그치면서 할아버지 할머니 60세 이상 시청률의 절반밖에 되지 않았다.

뿐만 아니라 KBS2에서 방송하는 또 다른 어린이 프로그램 'TV 유치원' 역시도 2018년 5월 3일 4~9세 어린이 시청률은 0.1%밖에 되지 않고 60대 이상 노년층 시청률은 0.5%로 어린이 시청률보다 훨씬 높았다.

어린이 대상 프로그램들이 정작 어린이 시청자들의 관심을 받지 못하고 할아버지 할머니들의 손자손녀 재롱 잔치 프로그램이 된 셈이다.

하지만 어린이들이 모두 어린이 프로그램을 외면하는 것은 아니다. EBS '딩동댕 유치원' 경우 같은 2018년 5월 3일 방송에서 4~9세 어린이 시청률은 3.4%로 높았다. KBS2에서 방송하는 어린이 프로그램 'TV 유치원'의 4~9세 시청률 0.1%와 '누가누가 잘하나' 시청률 0.2%와 비교했을 때 3배 이상 높은 시청률이다.

고 신성일 편 휴먼다큐 사람이 좋다 시청률
여 60대 이상 시청률 7.1%까지 상승

MBC '휴먼다큐 사람이 좋다'에서 2018년 11월 4일 세상을 떠난 고 신성일을 추모하는 내용이 방송을 타면서 시청자들의 애도와 함께 시청률이 상승했다.

특히 이날 과거 고 신성일이 왕성하게 배우 활동을 하던 시절을 기억하는 시청자 세대 관심이 매우 컸는데 60대 이상 여자 시청률이 7.1%까지 상승했다. 이 시절을 기억하지 못하는 30대 시청률은 1.9% 기록하고 20대 시청률은 1.3%를 기록해 큰 대조를 보였다.

TNMS 미디어 데이터에 따르면 이날 '휴먼다큐 사람이 좋다'는 전국 시청률 6.4%, 수도권 시청률 7.3%를 기록하면서 한 주 전보다 각각 0.7% 포인트, 0.9% 포인트 상승했다.

할머니네 똥강아지는
할머니 연령대 시청자들 많이 시청

김국진과 강수지가 결혼과 함께 첫 공동 MC를 맡은 MBC '할머니네 똥강아지'가 첫 방송부터 50대, 60대 여성 시청자들의 높은 관심과 함께 좋은 시청률 성적으로 출발했다.

TNMS 미디어 데이터에 따르면 이날 '할머니네 똥강아지'는 전국 가구 시청률 6.2%를 기록하였는데 이는 '할머니네 똥강아지'가 지난 2018년 3월 29일 파일럿 프로그램으로 시청자들에게 첫 선을 보일 당시 시청률 4.9%보다 1.3% 포인트 높은 수치이다.

이날 '할머니네 똥강아지'는 프로그램 이름 그대로 특히 연령이 높은 여성 시청자들의 사랑을 많이 받았는데 동일 연령대 60대 이상 노년층에서도 여성 시청률은 4.8%, 남성 시청률은 3.8%로 할머니들이 할아버지들보다 더 많이 시청했다. 50대에서도 여성 시청률은 6.3%, 남성 시청률은 3.7%로 여성 시청률이 남성 시청률보다 높았다.

김수미 유쾌한 영정사진 촬영,
집사부일체, 여자 60대 이상 가장 많이 상승

SBS '집사부일체'에 사부로 김수미가 출연하자 시청률이 껑충 뛰며 4주 만에 '집사부일체' 최고 시청률을 기록했다. TNMS 미디어데이터에 따르면 이날 '집사부일체' 시청률은 1부 7.7%, 2부 10.6%로 평균 9.4%를 기록하면서 지난주 8.6%보다 0.8% 포인트 상승했다.

이날 김수미는 올해 나이 70이라며 '집사부일체' 멤버들에게 앞으로 유쾌한 모습으로 죽음을 맞이하고 싶다며 자신의 영정사진을 찍어줄 것을 부탁했다. 집사부일체 방송에서 '내 인생의 마지막 하루'에 대해 생각하는 진지한 시간을 가진 김수미는 죽음을 회피하고 싶지 않지만 "조금 더 살고 싶다"라고 또 다른 속내를 솔직하게 전해 시청자들을 찡하게 했다.

생애 마지막 날과 영정사진 주제로 김수미가 이야기를 이어가자 이날 '집사부일체'는 한 주 전에 비해 여자 60대 이상 시청률이 가장 많이 상승했다. 한 주 전 여자 60대 이상 시청률은 5.1%였으나 이날 6.7%로 1.6 포인트 크게 상승했다.

그 밖의 감성 트렌드

　요즘도 회차별 시청률이 40%가 넘는 드라마가 있다는 사실을 아는 사람은 흔하지 않다.

　데이터를 자주 접하지 않는 사람은 산발적으로 나오는 자극적 채널 혹은 프로그램 홍보 기사에 현혹되어 전반적 트렌드 흐름을 보지 못하는 경우가 많기 때문이다.

　시청률 40%는 10가구 중 4가구가 동시에 이 프로그램을 시청한다는 뜻으로 우리나라 국민 1천만 명 가까이가 동시에 동일 콘텐츠를 소비한다는 뜻이다. 유튜브에서 콘텐츠를 올리자마자 누적조회수가 아닌 순간 조회수 1천만 명을 도달하기는 매우 힘들다. 따라서 유튜브 파워 시대에도 아직도 TV 수상기를 통한 방송의 힘은 여전히 존재한다고 보아야 한다.

　JTBC를 비롯한 종편과 tvN이 속한 비지상파 그룹의 약진은 2018년도에도 계속되었다. JTBC는 2011년 12월 1일에 개국하여 2018년 말 기준으로 7년 역사를 가지고 있다. tvN은 2006년 10월 9일 개국하여 2018년 말 기준으로 12년의 역사를 가지고 있다. 이들이 시청률 경쟁에서 지상파 프로그램들을 이기기 시작하는 현상이 시작되는 것은 이들 방송 역사를 기준으로 고려해볼 때 어쩜 그렇게 놀라울 일이 아닐지 모른다. 하지만 미디어 데이터를 살펴보면 아직도 지상파는 나름 건재하고 있음을 보여 주고 있다. 이런 지상파의 건재함이 앞으로 얼마나 더 오래 지속될 것인가는 또 다른 이슈이기는 하지만 적어도 2018년도에는 건재했고 또 2019년도에도 그 건재함이 어느 정도 지속될 것은 확실하다.

시청률 40%가 넘는 프로그램

박시후 복귀작 KBS2 주말드라마 '황금빛 내 인생'이 마지막 회에서 비록 아버지 천호진은 세상을 떠났지만 그의 삶과 가족애를 통해 박시후와 신혜선이 다시 사랑을 시작하는 해피엔딩으로 2018년 3월 11일 시청률 47.5%로 자체최고 시청률을 기록하며 종방하였다.

TNMS 미디어 데이터에 따르면 '황금빛 내 인생'은 지난 2017년 12월 1일 시청률 40%대를 처음 넘긴 이후(전국 가구 시청률 40.2%) 52부작 동안 시청률 40%대를 무려 8번이나 넘겼다. '황금빛 내 인생'이 시청률 40%대를 돌파한 것은 2015년 2월 15일 KBS2 '가족끼리 왜 이래'(시청률 40.5%)이후 약 2년 10개월 만에 우리나라 방송사에서 처음이다. 당시 '가족끼리 왜 이래'는 53부작 동안 시청률 40%대를 총 6번 넘겼고 자체 최고 시청률은 41.7%(2015년 1월 4일)에 그쳤는데 '황금빛 내 인생'은 '가족끼리 왜 이래'보다 2번 더 40%대를 넘겼으며 자체 최고 시청률 역시 5.8% 포인트 더 높았다.

이날도 '황금빛 내 인생'은 10대부터 60대 이상까지 연령대별 순위에서 시청률1위를 모두 싹쓸이하며 국민 드라마로 그 면모를 과시했다. TNMS가 집계한 통합시청자 데이터에 따르면 지난 2018년 2월 3일 '황금빛 내 인생' 43회 차는 본방송과 재방송 그리고 VOD

다시 보기를 통해 총 1,520만 명 시청자가 시청해 천만 명 시청자 수
를 돌파했다.

TV VOD 전체 시청 1위는 SBS리턴
비지상파 TV VOD 시청 1위는 tvN 윤식당

미디어 데이터 전문 기업 TNMS가 본방송 이후 일주일간 TV 수상기를 통한 VOD 시청자 수를 집계한 결과 2018년 전체 1위는 SBS '리턴' 14회로 나타났다. SBS '리턴' 14회는 2018년 2월 7일 이후 1주일간 총 25만 명이 VOD를 통해 이를 시청했다. 2위는 MBC '나 혼자 산다'가 차지했는데 '나 혼자 산다' 247회는 지난 2018년 6월 8일 본방송 이후 일주일간 23만 1천 명이 VOD를 통해 시청했다. 3위는 MBC '무한도전'으로 2018년 1월 20일 본 방송 후 일주일간 21만 9천 명이 VOD를 통해 이를 시청했다.

비지상파 중에서 VOD 1위는 tvN '윤식당'이 차지했다. tvN '윤식당' 3회는 지난 2018년 1월 19일 본방송 이후 일주일간 동일 콘텐츠를 18만 9천 명이 TV VOD를 통해 시청했다. 비지상파 중에서 VOD 1위 tvN '윤식당'은 지상파를 포함한 전체 VOD 순위에서는 8위를 차지했다.

TNMS는 2018년 1월 1일부터 12월 24일까지 본방송을 한 프로그램들을 대상으로 본 방송 후 일주일간 IPTV 3사와 케이블 VOD 가입자를 대상으로 VOD 시청을 조사해왔다.

이영자 18년도 가장 기억에 남는 연예인
시청률 조사 참가자들이 뽑은 이영자

미디어 데이터 전문 기업 TNMS가 시청률 조사에 참여하는 시청자 중 3천 명을 대상으로 '2018년 가장 기억에 남는 연예인 1명'에 대한 설문 조사한 결과 가장 많은 응답은 '이영자'로 집계되었다.

본 설문조사는 2018년 12월 31일부터 2019년 1월 1일 이틀간 조사되었고 조사 대상 연예인 명단을 사전 제시하지 않고 응답자가 스스로 표기하는 순수 주관식으로 조사되었다. 총 672명이 응답했고 (응답률 22.4%) 10대부터 60대 이상이 조사에 참여했다. 이영자는 16.8% 응답률로 1위를 차지했는데 박나래가 15.0%로 이영자 뒤를 이어 2위를 차지했고 3위가 방탄소년단(BTS)으로 4.6%를 차지했다. 4위는 소지섭(3.6%), 5위는 백종원(3.0%), 6위 현빈(2.8%), 7위 박보검(2.5%), 8위 아이유(2.4%), 9위 유재석(1.9%), 10위 김태리와 마동석 그리고 전현무, 정해인이 동일하게 각각 1.2%를 받았다. 방탄소년단 집계에는 멤버 개인 이름을 답한 응답은 방탄소년단 집계에 포함했다.

이번 조사에서 TV 출연이 많은 백종원을 연예인으로 인식하고 있는 것이 흥미로웠다. 이영자는 2018년 KBS와 MBC 연예인 대상 2관왕을 차지했었다.